AF473637

CHAMFORTIANA,

OU

RECUEIL CHOISI

D'ANECDOTES PIQUANTES

ET DE TRAITS D'ESPRIT

DE CHAMFORT;

PRÉCÉDÉ D'UNE NOTICE

SUR SA VIE ET SES OUVRAGES.

A PARIS,

Chez les Marchands de Nouveautés.

DE L'IMPRIMERIE DE DELANCE,

RUE DE LA HARPE, N°. 133.

AN IX.

NOTICE

SUR CHAMFORT.

. . . . . *Magis amica veritas.*

CHAMFORT naquit en 1741, dans un village près de Clermont en Auvergne; et mourut en 1794, le 24 germinal an II de la république.

Il ne connut que sa mère, et fut bon fils.

Il s'appeloit *Nicolas*, et n'eut point d'autre nom tout le temps qu'il fut au collége des Grassins, boursier comme la plupart de ceux qui se distinguoient par leurs études. Les prix qu'il y remporta, quelques espiégleries de jeunesse, avoient rendu ce nom fameux, lorsqu'il le quitta pour celui de Chamfort.

Que ce fût vanité, foiblesse, inspirées par la crainte qu'un nom trop vulgaire n'imprimât quelque ridicule à ses talens; je ne sais : mais il ne put échapper à ce ridicule, lorsqu'un de ses anciens camarades le rencontrant dans le monde, le reconnut et lui dit assez plaisamment : « il faut convenir que tu » as bien de l'esprit, pour avoir » fait de Nicolas, Chamfort » !

C'est sous ce nom, bientôt célèbre par de plus grands succès dans les lettres, qu'il parut, à une époque où la philosophie, nous dit Voltaire, commençoit à remuer les fondemens de la morale et de la société.

Le bel esprit dominoit surtout à

cette époque philosophique. Il avoit été mis à la mode par Duclos, homme très-moral d'ailleurs, et Crébillon le fils, qui ne prétendoit guère qu'à la grâce.

Duclos s'aperçut d'une ressemblance frappante entre la tournure d'esprit du jeune Chamfort et la sienne : il s'empressa d'autant plus volontiers à l'introduire dans le monde. Il faut remarquer qu'à cette époque, on commençoit aussi à sentir la nécessité des *prôneurs*, sans lesquels on ne peut plus, même de nos jours, y faire un seul pas.

Duclos, d'un caractère naturellement brusque, et vrai breton, armé, a dit quelqu'un, de sa franchise apparente, comme d'un sabre dont il faisoit toujours peur, sans le tirer souvent; d'Alembert, plus fin, mais moins franc, à coup sûr, et tel que sa correspondance avec Voltaire le définit encore mieux que tout ce qu'on peut en dire lorsqu'on l'a bien connu; ces deux coryphées de l'Académie, qui avoient d'autant plus d'empire sur tous les beaux esprits, qu'ils blâmoient beaucoup, et ne louoient guères, parurent à Chamfort les seuls prôneurs qu'il lui convenoit de s'assurer pour imposer davantage.

Il s'acquit d'abord le premier, par *le trait* qu'il s'étudia peut-être à donner au genre d'esprit dont il étoit doué pour la saillie, et ce genre étoit celui où Duclos excelloit; c'étoit celui que la liberté, pour ne pas dire l'audace des mœurs de la Régence, avoit fait naître vers le commencement de ce siècle, où Duclos l'avoit puisé dans les meilleures sociétés.

On a vu depuis ce que cette audace, pour ne pas dire cette liberté, devoit encore produire à la fin de ce siècle.

Mais ne perdons pas de vue Chamfort dans cette nouvelle carrière, où je le suivois de loin, lorsqu'il y entra.

Il m'informoit lui-même alors des progrès de sa route brillante; il me les racontoit sans faste, sans orgueil.

« Mon cœur *étoit* flatté plus qu'il *n'étoit* surpris ».

J'applaudissois à ses succès; j'applaudissois à sa piété vraiment filiale pour sa mère qu'il soulageoit. Elle vieillit assez pour jouir des bienfaits d'un fils qui venoit la chercher dans l'ombre, où il ne rentroit plus que pour elle.

Je l'allois voir presque tous les matins; nous lisions ensemble l'Arioste et la Pucelle, rapprochant l'imitation de l'original, autour d'un petit poële où nos livres se desséchoient; et les heures s'écouloient avec trop de rapidité. Je le laissois retourner ensuite dans le tourbillon du monde qu'il m'analysoit le lendemain, à moi qui le fuyois comme il le recherchoit.

Quand ce train de vie eut continué tout un hiver, je m'aperçus, avec surprise, d'une sorte de cynisme d'esprit qu'il allioit à ce mélange de goûts, de sentimens qui nous rapprochoient.

J'admirois ses talens; mais je le plaignois d'en racheter l'éclat par celui des passions qu'il s'applaudissoit de ne point gouverner, et auxquelles il se livroit *en Hercule, avec les formes d'Adonis :* c'étoit l'expression d'une femme qui se piquoit de bien définir les hommes.

Du reste, il s'est peint lui-même sous ce rapport, en disant : « J'ai détruit mes passions, à peu » près comme un homme violent » tue son cheval, ne pouvant le » gouverner ».

Je le vis presser lui même le cours du torrent qui l'entraîna. Je l'avoue à regret, je renonçai dès-lors à sa société, sans cesser de l'aimer. Je le perdois, il me revenoit ensuite, mais je le ne cherchois plus. Rien de simple n'entra depuis dans son caractère, qui se composa de toutes les nuances de l'esprit de son siècle.

Chamfort fréquenta bientôt toutes les classes du monde ; il succomba volontairement à toutes les tentations ; des femmes avilies le perdirent enfin, si jeune encore, qu'à peine il eut le temps de l'être.

Né avec une sensibilité exquise, il avoit un tact, une finesse d'esprit et une justesse de goût, qui, pour les beaux arts, tiennent plus ou moins à ce précieux don. Eh! avec cela, il sembloit destiné à être la dupe de toutes les sottises, de toutes les folies de son siècle.

La nature l'avoit doué d'une figure aimable, spirituelle et régulière, douce et attrayante ; mais on y démêloit un fond de causticité, de morosité même, qui rendoient son caractère fort inégal. Il étoit sujet aux boutades. On s'apercevoit à ses manières qu'il n'étoit pas né dans le grand monde où il s'étoit jeté sans l'estimer plus qu'il ne valoit, comme les libertins recherchent le plus les femmes dont ils disent du mal. Il y étoit gauche, et crut remplacer ce défaut d'aisance en s'y mettant trop à son aise.

L'édifice de sa constitution, naturellement des plus solides, fut bientôt ruiné de fond en comble; il abjura, malgré lui, des plaisirs auxquels il s'étoit livré avec trop d'impétuosité.

Dès-lors il négligea sa toilette et son habillement, qu'il n'avoit, au surplus, jamais trop soignés.

Sur ce que je lui observois, longtemps après, qu'il poussoit trop loin l'abandon de l'extérieur et même de la propreté; il me répondoit : « que voulez-vous ? il falloit bien » autrefois s'occuper de plaire aux

» femmes. A quoi me serviroit-il au-
» jourd'hui d'y prétendre » !

Je le vis, depuis cette époque désastreuse, où son physique souffrit tant, obligé de se livrer aux soins pénibles et journaliers d'une santé délabrée, prodiguée en pure perte.

La fortune ni les privations n'ont jamais troublé son indépendance. Sa philosophie, à cet égard, ne ressembloit à l'insouciance que parce qu'elle tenoit peut-être plus à l'habitude de se passer de ce qu'il n'avoit pas, qu'au moindre effort pour s'en priver volontairement.

Chamfort ne dut rien à l'intrigue, ni aux petits moyens qu'elle emploie; encore moins à la servilité où son caractère n'eût jamais appris à se plier. Mais la conscience de ses

ses talens ne le trompa point; elle lui faisoit même présager l'avenir avec certitude. — « Vous voyez-là » ma fortune », me dit-il froidement un jour, en me montrant un manuscrit sur la table où il écrivoit. C'étoit sa tragédie de *Mustapha et Zéangir*. Elle lui ouvrit en effet les portes de l'Académie, lui valut des pensions à la Cour et la place de secrétaire des commandemens du prince de Condé.

C'est là que son désintéressement, son antipathie pour l'esclavage, éclatèrent dans un acte de justice rare, en faveur d'un jeune homme qui depuis.... mais alors.... Il étoit subordonné, et faisoit les fonctions de la place. Chamfort supplia le prince d'en accorder les émolumens avec le titre à celui qui en remplissoit les devoirs; renonçant pour soi-même aux faveurs pécuniaires, au logement, qui lui furent offerts en échange de sa démission qu'il força le prince à recevoir.

Chamfort, ainsi dégagé, s'appartint tout entier; mais il ne pouvoit appartenir à un maître plus difficile, et plus quinteux.

Ni le monde, ni la solitude ne lui plaisoient; il falloit bien revenir au premier, lorsqu'il s'étoit reposé du chemin qu'il avoit fait péniblement vers l'autre; et il en étoit bientôt si las! et puis il étoit si propre à ce manége, où l'on tourne sans cesse dans le même cercle! Il y étoit si fêté! Il n'avoit qu'à se laisser aller, pour ainsi dire, à sa pente naturelle, et il se retrouvoit porté dans le monde sans s'apercevoir de ce qui l'y ramenoit, pour en médire à la journée : comme il se faisoit rechercher des grands, pour avoir l'air de les fuir, et se ménager le droit de les tancer plus à son aise ! C'étoit là son élément; ce sera toujours celui de quiconque confondra l'audace avec la liberté. Cette audace est de tout dire et de penser bien haut devant ceux qui n'osent ou ne peuvent ni l'un, ni l'autre, et qui vous savent toujours gré de l'oser pour eux. Le plus sûr moyen de plaire et d'être à la mode, le voici : c'est de donner de l'esprit à ceux qui n'en auroient pas sans vous; et personne ne posséda cet art comme Chamfort.

Enfin, las de jouer le rôle de philosophe et de bel esprit, moitié cynique, moitié contemplatif, il rencontre une femme bien vive, bien spirituelle, sur le retour de l'âge comme lui. C'étoit la veuve d'un médecin, qui avoit été belle; avec une physionomie pleine d'ame et d'expression; parlant bien, mais beaucoup trop peut-être pour toujours bien parler; elle avoit conservé tout l'empire de son sexe, qu'elle n'exerçoit plus que sur le cœur, par l'esprit qu'elle avoit aussi jeune, aussi aimable qu'à quinze ans. Ils s'attachèrent bientôt l'un à l'autre, et résolurent de se dérober à ce tourbillon fantastique où ils s'étoient rencontrés, pour ne plus se quitter. Ils conviennent d'aller vivre à quelques lieues de Paris, pour n'y plus revenir. Chamfort m'en fait part, et je reçois leurs adieux avec l'émotion que devoit m'inspirer le bonheur de mon ami. Car, pour avoir aimé toutes les femmes dans sa jeunesse, il n'en avoit jamais possédé réellement une seule; et s'il pouvoit se promettre d'être heureux, ce ne devoit être qu'avec une femme de cette trempe, et qui fût son amie. J'ai vu Chamfort l'aimer aussi ardemment qu'une maîtresse, aussi tendrement que sa mère. A peine étoient-ils établis dans cette retraite où ils vouloient recommencer à vivre, que cette femme mourut. Il en fut affligé comme de la perte la plus sensible qu'il ait éprouvée (*).

C'étoit sa volonté qu'il perdoit en elle; car il n'avoit jamais eu jus-

---

(*) C'est à l'occasion de sa mort, suivant

que-là que des caprices, comme un enfant mal élevé pour lequel il faut vouloir. Il revint à Paris, et re-

---

toute apparence, qu'il ſit ces beaux vers de sentiment :

A CELLE QUI N'EST PLUS.

Dans ce moment épouvantable
Où des sens fatigués, des organes rompus
La mort avec ſureur déchire les tissus ;
Lorsqu'en cet assaut redoutable
L'ame, par un dernier eſſort,
Lutte contre ses maux et dispute à la mort
Du corps qu'elle animoit le débris périssable :
Dans ces momens affreux où l'homme est sans appui,
Où l'amant ſuit l'amante, où l'ami ſuit l'ami ;
Moi seul, en frémissant, j'ai forcé mon courage
A supporter pour toi cette effrayante image.
De tes derniers combats j'ai ressenti l'horreur,
Le sanglot lamentable a passé dans mon cœur.
Tes yeux ſixes, muets, où la douleur est peinte
D'un sentiment plus doux sembloient porter l'empreinte.
Ces yeux que j'avois vu par l'amour animés,
Ces yeux que j'adorois, ma main les a fermés !

tomba dans ses inconséquences; il y reprit tout le train de la vie tumultueuse à laquelle il étoit accoutumé.

Les sociétés les plus brillantes alors se le disputent. Il cède encore à l'empressement, aux caresses des grands. Buffon dit que le chat ressemble au courtisan, mais que le chien est un ami. Celui-ci se laisse enchaîner; la faveur même ne peut captiver l'autre. Aussi les ennemis de Chamfort le comparoient-ils au premier, dont on sent les griffes en le caressant. M. de Vaudreuil, l'homme le plus aimable de la Cour, qui avoit le plus de goût et de cette véritable noblesse qui empreint les actions comme les manières, lui offrit un logement chez lui; Chamfort accepta. Je le rencontrai quelques jours après; il me conta tout. Je le connoissois bien; et je lui demandai s'il feroit un long bail dans ce nouvel appartement : *c'est à la vie et à la mort*, me répondit-il ; ce sont ses propres expressions. On a vu comme il tint parole, à cette époque où le parti de Mirabeau, qu'il embrassa, ne pouvoit s'allier avec aucune sorte de reconnoissance.

Là il vécut en original, pour trancher davantage avec des hommes qui se ressembloient tous par l'amabilité, les grâces de l'esprit et le meilleur ton de société. C'étoit une espèce d'ours qui ne s'apprivoisoit qu'en spectacle. Alors on obtenoit de lui mille tours, mille gentillesses d'esprit. Il lisoit, dans cette société, des aperçus rapides,

des contes pleins de finesse, de légéreté, et de malice en applications. Chaque trait lancé arrivoit à son but, étoit aussitôt recueilli; rien n'étoit perdu pour une société choisie qui relevoit la moindre grâce avec le même charme qui l'avoit fait naître. C'est pour elle qu'il imagina de peindre les *soirées de Ninon*, qu'il y récitoit, en vers qu'on ne sauroit trop regretter, et qui nous ont été dérobés dans l'abandon des derniers momens si cruels de sa vie. Morceau le plus piquant, peut-être, de ce genre de composition qui lui étoit si propre, et dont il me lut quelques fragmens en particulier. C'étoit le sel attique; c'étoit la grâce unie au savoir faire; une facilité qui cache d'autant plus d'art qu'elle est le sceau de la perfection. C'est La Fontaine et Racine fondus pour la manière, avec le talent de Molière pour l'observation : trois poëtes dont il avoit fait l'étude la plus assidue de sa vie, et qu'il avoit analysés, décomposés, pour en découvrir tous les secrets, pour s'approprier leurs trésors.

J'abandonne ici Chamfort où j'ai cessé de le suivre, où l'histoire de la révolution le réclame, à l'époque où ses liaisons intimes avec Mirabeau lui firent jouer un rôle subalterne dont il voulut depuis se défaire, lorsque le péril l'approcha lui-même de trop près et le menaça.

Chamfort crut à la liberté. Des tyrans s'en étoient emparés. Ils prétendirent le jeter aussi dans l'une de leurs innombrables bastilles, dont l'issue étoit l'échafaud. Chamfort voulut s'affranchir, il ne fit que se martyriser, sans pouvoir se tuer. Il n'en eut peut-être pas la force. Il se dévoua lui-même ; et victime et bourreau tout ensemble, il ne put achever d'être ni l'un ni l'autre. C'est que le courage de l'esprit n'est pas celui de l'ame. Il mourut tout naturellement des suites de ses blessures, qu'il aida, par la même foiblesse, à cicatriser ; se croyant guéri, mais ne l'étant pas, ni au physique, ni au moral.

Terminons par une esquisse que Chamfort nous a laissée de son propre caractère, comme ces grands peintres dont on retrouve, parmi leurs études, des portraits dessinés d'après nature, et quelquefois d'après eux-mêmes. Sa touche est précieuse; la voici.

« Ma vie entière est un tissu de » contrastes apparens avec mes » principes. Je n'aime point les » princes, et je suis attaché à une » princesse et à un prince. On me » connoît des maximes républi- » caines, et plusieurs de mes amis » sont revêtus de décorations mo- » narchiques. J'aime la pauvreté vo- » lontaire, et je vis avec des gens » riches. Je fuis les honneurs, et » quelques-uns sont venus à moi. » Les lettres sont presque ma seule » consolation, et je ne vois point de » beaux esprits, et ne vais point à » l'Académie. Ajoutez que je crois » les illusions nécessaires à l'homme, » et je vis sans illusion; que je crois » les passions plus utiles que la rai- » son, et je ne sais plus ce que » c'est que les passions, etc. »

Après

Après avoir fait assez connoître la personne, l'esprit, et le caractère de Chamfort, il nous reste à dire un mot de ses ouvrages. Ils sont en petit nombre, et la question à laquelle il va répondre lui-même, nous dispensera d'en rechercher d'autres motifs que ceux qu'il nous fournit. Il n'étoit point oisif, puisqu'il observoit beaucoup dans la société; mais le travail du cabinet, quoiqu'il fût né pour l'application, comme son goût favori pour le jeu des échecs l'atteste, ne lui convenoit plus depuis qu'il avoit ruiné sa santé. Il a travaillé à différens dictionnaires, tels que ceux du grand Vocabulaire français, et des Théâtres, etc., etc. Le Mercure lui dut quelques articles vers la fin de sa vie : mais ses deux éloges de

MOLIÈRE et de LA FONTAINE sont ses œuvres les plus marquantes, puisque sa seule tragédie, Mustapha et Zéangir, n'est point restée au théâtre, quoique supérieurement écrite et dans le style qu'il s'étoit fait d'après Racine; puisque ses comédies de la Jeune Indienne et du Marchand de Smyrne, qui sont restées au théâtre, méritent à peine le titre de comédies, dans deux genres si différens. Il sembloit pourtant disposé, par l'esprit d'observation, à devenir un poëte comique; mais il ne fut qu'un très-bel esprit, non moins solide que brillant et cultivé par les meilleures études, avec le tact et le goût le plus sûrs. On peut en juger par ses notes charmantes (*)

(1) Elles se trouvent dans l'édition des trois Fabulistes, imprimée par Delance.

sur La Fontaine, qui ne furent que ses études avant d'en composer l'éloge.

Ses œuvres, recueillies par l'amitié d'un homme de lettres, forment quatre volumes in-8°., qui perdroient peu de leur valeur en retranchant de cette collection beaucoup de choses inutiles à la réputation de Chamfort. C'est un mauvais service que rendent souvent les éditeurs à la mémoire des hommes célèbres, que d'imprimer tout ce qui n'en est pas digne. C'est ainsi que Piron fut enterré sous le poids d'une édition trop volumineuse.

Outre *les Soirées de Ninon*, qui sont perdues, on doit regretter des fragmens d'un poëme sur *la Fronde*, dont Chamfort s'étoit occupé.

On ne trouvera, pour ainsi dire,

dans le Chamfortiana, que de l'esprit de société, dont il se plaisoit à consigner sur des feuilles volantes, chaque soir qu'il en revenoit, les traits les plus saillans qui lui étoient échappés, ou qu'il y avoit recueillis. Tout le monde sait d'ailleurs ce qu'il faut chercher dans ce qu'on appelle Ana. C'est l'esprit même du siècle qui s'y peint ordinairement, et se réfléchit comme dans un miroir fidelle. Les *Ana* étoient savans lorsqu'on l'étoit; celui-ci ne l'est point. C'est donc de l'esprit seul de ce siècle qu'il est formé, l'érudition n'y entre pour rien; c'est une gaze légère au travers de laquelle se distinguent à nu des formes qu'on ne cache plus. Ce sont des mœurs, des anecdotes piquantes, auxquelles on a joint des observations fines et des réflexions dont la plupart ont été extraites dans le Journal de Paris, et le Mercure.

Pour justifier l'épigraphe de cette notice, on nous saura peut-être gré de faire connoître une ode de Chamfort à la VÉRITÉ, qui n'est pas dans ses œuvres, et remporta le prix des jeux Floraux en 1768 : nous l'insérons ici, quoiqu'elle soit d'un genre bien différent du CHAMFORTIANA.

ODE

A LA VÉRITÉ.

DESCENDS de ta sphère éternelle,
O vérité ! soutiens ma voix.
Descends, viens venger ta querelle,
Réclame tes augustes droits.
Le pervers t'outrage et t'abhorre,
Le sage trop souvent t'ignore ;
Et l'obscur amas des mortels,
Même en t'implorant par foiblesse,
Craint d'envisager la déesse
Dont il embrasse les autels.

Faut-il que loin de notre vue
Ton trône éclatant soit placé !
Ah ! que du moins perçant la nue
Un rayon vers nous soit lancé.
Vois ce soleil dans sa carrière ;
Son intarissable lumière
Dans nos yeux entre avec douceur :
Que ne peut ta vive influence,
En imitant sa bienfaisance,
Pénétrer ainsi notre cœur !

L'Univers heureux et paisible
Ne connoîtroit aucun fléau ;
Thémis, pour être incorruptible,
N'auroit plus besoin de bandeau ;
Et le fanatisme barbare,
Odieux enfant du Ténare ;
Qui se dit le vengeur des cieux ;
Enchaîné par ta main puissante ;
Au fond de sa prison brûlante
Etoufferoit ses cris affreux.

Le mensonge, la perfidie
Loin des Cours eût fui pour jamais ;
Du sage la voix plus hardie
Eût dit aux rois dans leurs palais :

Oui, je vous dois l'obéissance,
Je m'arme pour votre défense;
Mais quand je combats pour mes rois
On me doit des jours sans alarmes,
Et l'honneur d'essuyer nos larmes
Est le plus noble de vos droits.

Rougissez de votre génie,
Vous, politiques imposteurs,
Complices de la tyrannie
Dont vous consacrez les fureurs.
J'entends votre voix mercenaire
Crier aux maîtres de la terre:
« Vos sujets sont formés pour vous;
» Aucun devoir ne vous engage;
» Ramper, gémir est leur partage,
» Heureux de vivre à vos genoux! »

Qu'un courtisan noirci de crimes,
Habile dans l'art de ramper,
Empoisonne de ces maximes
Le monarque qu'il veut tromper;
Il entrevoit sa récompense:
Il va dévorer la substance

De tout un peuple gémissant.
Je hais un flatteur exécrable,
Je plains un tyran méprisable,
Et je me tais en frémissant.

Mais vous dont la voix libre et sage
Aux mortels doit la vérité,
Avez-vous cru lui rendre hommage
En trahissant l'humanité!
Ne pesez plus ma destinée.
Pourquoi d'une main forcenée
Me jeter sous un joug d'airain,
Et pourquoi d'un sceptre paisible
Formez-vous un glaive terrible
Que vous appuyez sur mon sein?

Fuis loin de moi, mortel profane,
Qui par le mensonge inspiré,
A de Clio, qui te condamne,
Avili le burin sacré.
Je te l'arrache avec colère;
Je veux que sur l'airain sévère
Il grave ta honte à jamais.
Tu brises la digue impuissante
Que d'un Dieu la main bienfaisante
Opposoit aux heureux forfaits.

O douleur ! un tyran féroce
Dans le sang se sera plongé,
Il rend en paix son ame atroce ;
Et l'Univers n'est pas vengé !
Si dans nos cœurs il pouvoit lire
L'horreur, le mépris qu'il inspire ;
Mais d'encens il meurt enivré...
Ah ! que l'histoire inexorable
Flétrisse au moins ce nom coupable,
Immortel pour être abhorré.

Vérité, confonds l'artifice,
Démens les fourbes, les flatteurs !
Et toi, Postérité propice,
Dispense avec choix tes faveurs !
N'offre aux respects de tous les âges
Que les vrais héros, les vrais sages ;
Et que ta sévère équité
N'ouvre le temple de Mémoire
Qu'à ceux qui marchent à la gloire
Sur les pas de la Vérité.

QUESTION.

Pourquoi ne donnez-vous plus rien au public ?

RÉPONSES DE CHAMFORT.

C'est que le public me paroît avoir le comble du mauvais goût et la rage du dénigrement.

C'est qu'un homme raisonnable ne peut agir sans motif, et qu'un succès ne me feroit aucun plaisir, tandis qu'une disgrace me feroit peut-être beaucoup de peine.

C'est que je ne dois pas

troubler mon repos, parce que la compagnie prétend qu'il faut divertir la compagnie.

C'est que je travaille pour les Variétés amusantes, qui sont le théâtre de la nation, et que je mène de front, avec cela, un ouvrage philosophique, qui doit être imprimé à l'imprimerie royale.

C'est que le public en use avec les gens de lettres comme les racoleurs du pont St.-Michel avec ceux qu'ils enrôlent, enivrés le premier jour, dix écus; et des coups de bâton le reste de leur vie.

C'est

C'est qu'on me presse de travailler, par la même raison que, quand on se met à sa fenêtre, on souhaite de voir passer dans les rues, des singes ou des meneurs d'ours.

Exemple de M. Thomas, insulté pendant toute sa vie et loué après sa mort.

C'est que j'ai peur de mourir sans avoir vécu.

C'est que tout ce qu'on me dit pour m'engager à me produire, est bon à dire à Saint-Ange et à Murville.

C'est que j'ai à travailler

et que les succès perdent du temps.

C'est que je ne voudrois pas faire comme les gens de lettres, qui ressemblent à des ânes, ruans et se battans devant un ratelier vide.

C'est que si j'avois donné à mesure les bagatelles dont je pouvois disposer, il n'y auroit plus pour moi de repos sur la terre.

C'est que j'aime mieux l'estime des honnêtes gens, et mon bonheur particulier, que quelques éloges, quelques écus, avec beaucoup d'injures et de calomnies.

C'est que s'il y a un homme sur la terre qui ait le droit de vivre pour lui ; c'est moi, après les méchancetés qu'on m'a faites à chaque succès que j'ai obtenu.

C'est que jamais, comme dit Bacon, on n'a vu marcher ensemble la gloire et le repos.

Parce que le public ne s'intéresse qu'aux succès qu'il n'estime pas.

Parce que je resterois à moitié chemin de la gloire de Jeannot.

Parce que j'en suis à ne plus vouloir plaire qu'à qui me ressemble.

C'est que plus mon affiche littéraire s'efface, plus je suis heureux.

C'est que j'ai connu presque tous les hommes célèbres de notre temps, et que je les ai vu malheureux par cette belle passion de célébrité, et mourir, après avoir dégradé par elle leur caractère moral.

CHAMFORTIANA.

La plupart des faiseurs de recueils de vers ou de bons mots ressemblent à ceux qui mangent des cerises ou des huîtres, choisissant d'abord les meilleures, et finissant par tout manger.

Les fripons ont toujours un peu besoin de leur honneur, à peu près comme les espions de police, qui sont payés moins cher quand ils voient moins bonne compagnie.

Il faut convenir qu'il est impossible de vivre dans le monde, sans jouer de temps en temps la comédie.

Ce qui distingue l'honnête homme du fripon, c'est de ne la jouer que dans les cas forcés, et pour échapper au péril, au lieu que l'autre va au-devant des occasions.

La philosophie, ainsi que la médecine, a beaucoup de drogues, très-peu de bons remèdes, et presque point de spécifiques.

La plupart des nobles rappellent leurs ancêtres, à peu près comme un *Cicérone* d'Italie rappelle Cicéron.

C'est une belle allégorie, dans la bible, que cet arbre de la science du bien et du mal qui produit la mort. Cet emblème ne veut-il pas dire que, lorsqu'on a pénétré le fond des choses, la perte des illusions amène la mort de l'ame ; c'est-à-dire, un désintéressement complet sur tout ce qui touche et occupe les autres hommes.

Je ne suis pas plus étonné de voir un homme fatigué de la gloire, que je ne le suis d'en voir un autre importuné du bruit qu'on fait dans son antichambre.

On souhaite la paresse d'un méchant, et le silence d'un sot.

Ce qui explique le mieux comment le mal-honnête homme, et quelquefois même le sot, réussissent presque toujours mieux, dans le monde, que l'honnête homme et que l'homme d'esprit, à faire leur chemin, c'est que le mal-honnête homme et le sot ont moins de peine à se mettre au courant et au ton du monde qui, en général, n'est que mal-honnêteté et sottise ; au lieu que l'honnête homme et l'homme sensé, ne pouvant pas entrer sitôt en commerce avec le monde, perdent un temps précieux pour la fortune. Les uns sont des marchands qui, sachant la langue du pays, vendent et s'approvisionnent tout de suite, tandis que les autres sont obligés d'apprendre la langue de leurs vendeurs et de leurs chalands, avant que d'exposer leurs marchandises, et d'entrer en traité avec eux. Souvent même ils dédaignent d'apprendre cette langue, et alors ils s'en retournent sans étrenner.

Il y a des sottises bien habillées, comme il y a des sots très-bien vêtus.

Notre raison nous rend quelquefois aussi malheureux que nos passions; et on peut dire de l'homme, quand il est dans ce cas, que c'est un malade empoisonné par son médecin.

Les médecins et le commun des hommes ne voient pas plus clair les uns que les autres dans les maladies, et dans l'intérieur du corps humain. Ce sont tous des aveugles; mais les médecins sont des quinze-vingts qui connoissent mieux les rues, et qui se tirent mieux d'affaire.

Qu'est-ce qu'un philosophe? c'est un homme qui oppose la nature à la loi, la raison à l'usage, sa conscience à l'opinion, et son jugement à l'erreur.

Un sot qui a un moment d'esprit, étonne et scandalise, comme des chevaux de fiacre au galop.

L'importance, sans mérite, obtient des égards sans estime.

Grands et petits, on a beau faire, il faut toujours se dire comme le fiacre aux courtisannes, dans le moulin de Javelle : *vous autres et nous autres, nous ne pouvons nous passer les uns des autres.*

Quelqu'un disoit que la providence étoit le nom de baptême du hasard : quelque dévot dira que le hasard est un sobriquet de la providence.

La plus perdue de toutes les journées, est celle où l'on n'a pas ri.

En apprenant à connoître les maux de la nature, on méprise la mort; en apprenant à connoître ceux de la société, on méprise la vie.

L'homme pauvre, mais indépendant des hommes, n'est qu'aux ordres de la nécessité. L'homme riche, mais dépendant, est aux ordres d'un autre homme ou de plusieurs.

L'opinion publique est une juridiction que l'honnête homme ne doit jamais reconnoître parfaitement, et qu'il ne doit jamais décliner.

Vivre est une maladie dont le sommeil nous soulage toutes les 16 heures. C'est un palliatif. La mort est le remède.

Il y a deux choses auxquelles il faut se faire, sous peine de trouver la vie insupportable. Ce sont les injures du temps et les injustices des hommes.

Je ne conçois pas de sagesse sans défiance. L'écriture a dit que le commencement de la sagesse étoit la crainte de Dieu ; moi, je crois que c'est la crainte des hommes.

Un homme sans élévation ne sauroit avoir de bonté ; il ne peut avoir que de la bonhommie.

Si Diogènes vivoit de nos jours, il faudroit que sa lanterne fût une lanterne sourde.

La fortune et le costume qui l'entoure, fait de la vie une représentation au milieu de laquelle il faut que l'homme le plus honnête devienne, à la longue, comédien malgré lui.

L'estime vaut mieux que la célébrité; la considération vaut mieux que la renommée; et l'honneur vaut mieux que la gloire.

Les gens foibles sont les troupes légères de l'armée des méchans. Ils font plus de mal que l'armée même; ils infestent et ils ravagent.

L'habileté est à la ruse, ce que la dextérité est à la filouterie.

L'entêtement représente le *carac-*

tère, à peu près comme le tempérament représente *l'amour*.

Amour, folie aimable; ambition, sottise sérieuse.

Il faut être juste avant d'être généreux, comme on a des chemises avant d'avoir des dentelles.

Le changement de modes est l'impôt que l'industrie du pauvre met sur la vanité du riche.

Le rôle de l'homme prévoyant est assez triste. Il afflige ses amis, en leur annonçant les malheurs auxquels les expose leur imprudence. On ne le croit pas; et quand ces malheurs sont arrivés, ces mêmes amis lui savent mauvais gré du mal qu'il a prédit;

leur amour propre baisse les yeux devant l'ami qui devoit être leur consolateur, et qu'ils auroient choisi s'ils n'étoient pas humiliés en sa présence.

Celui qui veut trop faire dépendre son bonheur de sa raison, qui le soumet à l'examen, qui chicane, pour ainsi dire, ses jouissances, et n'admet que des plaisirs délicats, finit par n'en plus avoir. C'est un homme qui, à force de faire carder son matelas, le voit diminuer, et finit par coucher sur la dure.

Quand on a été bien tourmenté, bien fatigué par sa propre sensibilité, on s'aperçoit qu'il faut vivre au jour le jour, oublier beaucoup, enfin, *éponger la vie* à mesure qu'elle s'écoule.

La fausse modestie est le plus décent de tous les mensonges.

En parcourant les mémoires et les monumens du siècle de Louis XIV, on trouve, même dans la mauvaise compagnie de ce temps-là, quelque chose qui manque à la bonne d'aujourd'hui.

Qu'est-ce que la société, quand la raison n'en forme pas les nœuds, quand le sentiment n'y jette pas d'intérêt, quand elle n'est pas un échange de pensées agréables et de vraie bienveillance ? Une foire, un tripot, une auberge, un bois, un mauvais lieu et des petites-maisons ; c'est tout ce qu'elle est tour à tour pour la plupart de ceux qui la composent.

On ne peut vivre dans la société

après l'âge des passions. Elle n'est tolérable que dans l'époque où l'on se sert de son estomac pour s'amuser, et de sa personne pour tuer le temps.

C'est bien mal fait, disoit M..., d'avoir laissé tomber le cocuage, c'est-à-dire, de s'être arrangé pour que ce ne soit plus rien. Autrefois, c'étoit un état dans le monde, comme de nos jours, celui de joueur. A présent ce n'est plus rien du tout.

La société est composée de deux grandes classes : ceux qui ont plus de dînés que d'appétit, et ceux qui ont plus d'appétit que de dînés.

Amitié de Cour, foi de renards, et société de loups.

On n'imagine pas combien il faut d'esprit pour n'être jamais ridicule.

A voir le soin que les conventions sociales paroissent avoir pris d'écarter le mérite de toutes les places où il pourroit être utile à la société, en examinant la ligue des sots contre les gens d'esprit, on croiroit voir une conjuration de valets pour écarter les maîtres.

Les bourgeois, par un entêtement ridicule, font de leurs filles un fumier pour les terres des gens de qualité.

Les gens qui élèvent les princes et qui prétendent leur donner une bonne éducation, après s'être soumis à leurs formalités et à leurs avilissantes étiquettes, ressemblent à des maîtres d'arithmétique, qui voudroient former de grands calculateurs, après avoir accordé à leurs élèves que trois et trois font huit.

Le monde et la société ressemblent à une bibliothèque où, au premier coup d'œil, tout paroît en règle, parce que les livres y sont placés suivant le format et la grandeur des volumes, mais où, dans le fond, tout est en désordre, parce que rien n'y est rangé suivant l'ordre des sciences, des matières, ni des auteurs.

L'expérience qui éclaire les particuliers, corrompt les princes et les gens en place.

L'état de *courtisan* est un métier dont on a voulu faire une science. Chacun cherche à se hausser.

Les magistrats chargés de veiller sur l'ordre public, tels que le lieutenant criminel, le lieutenant civil, le lieutenant de police, et tant d'autres, finissent presque toujours par avoir une opinion horrible de la société. Ils croient connoître les hommes, et n'en connoissent que le rebut. On ne juge pas d'une ville par ses égoûts, et d'une maison par ses latrines. La plupart de ces magistrats me rappellent toujours le collége, où les correcteurs ont une cabane auprès des commodités, et n'en sortent que pour donner le fouet.

C'est la plaisanterie qui doit faire justice de tous les travers des hommes et de la société. C'est par elle qu'on évite de se compromettre. C'est par elle qu'on met tout en place sans sortir de la sienne. C'est elle qui atteste notre supériorité sur les choses et les personnes dont nous nous moquons, sans que les personnes puissent s'en offenser, à moins qu'elles ne manquent de gaieté ou de mœurs. La réputation de savoir bien manier cette arme donne à l'homme d'un rang inférieur, dans le monde et dans la meilleure compagnie, cette sorte de considération que les militaires ont pour ceux qui manient supérieurement l'épée. J'ai entendu dire à un homme d'esprit : ôtez à la plaisanterie son empire, et je quitte demain la société. C'est une sorte de duel où il n'y a pas de sang versé, et qui, comme l'autre, rend les hommes plus mesurés et plus polis.

Il y a des choses indevinables pour un jeune homme bien né. Comment se défieroit-on, à vingt ans, d'un espion de police, qui a le cordon rouge ?

Les coutumes les plus absurdes, les étiquettes les plus ridicules, sont en France et ailleurs sous la protection de ce mot : *c'est l'usage*. C'est précisément ce mot que répondent les Hottentots, quand les Européens leur demandent pourquoi ils mangent des sauterelles ; pourquoi ils dévorent la vermine dont ils sont couverts. Ils disent aussi : c'est l'usage.

Qu'est-ce que c'est qu'un fat sans sa fatuité ? Otez les ailes à un papillon, c'est une chenille

Les courtisans sont des pauvres enrichis par la mendicité.

Des qualités trop supérieures rendent souvent un homme moins propre à la société. On ne va pas au marché avec des lingots; on y va avec de l'argent ou de la petite monnoie.

La société, les cercles, les salons, ce qu'on appelle le monde, est une pièce misérable, un mauvais opéra, sans intérêt, qui se soutient un peu par les machines et les décorations.

Quand on veut plaire dans le monde, il faut se résoudre à se laisser apprendre beaucoup de choses qu'on sait, par des gens qui les ignorent.

Dans un pays où tout le monde

cherche à *paroître*, beaucoup de gens doivent croire, et croient en effet, qu'il vaut mieux être banqueroutier que de n'être rien.

La menace du *rhume négligé* est pour les médecins, ce que le purgatoire est pour les prêtres, un *Pérou*.

Les conversations ressemblent aux voyages qu'on fait sur l'eau : on s'écarte de la terre sans presque le sentir, et l'on ne s'aperçoit qu'on a quitté le bord que quand on est déjà bien loin.

On est plus heureux dans la solitude que dans le monde. Cela ne viendroit-il pas de ce que dans la solitude on pense aux choses, et que dans le monde on est forcé de penser aux hommes ?

On dit quelquefois d'un homme qui vit seul : il n'aime pas la société. C'est souvent comme si on disoit d'un homme, qu'il n'aime pas la promenade, sous le prétexte qu'il ne se promène pas volontiers le soir dans la forêt de Bondy.

Un homme d'esprit est perdu, s'il ne joint pas à l'esprit l'énergie du caractère. Quand on a la lanterne de Diogène, il faut avoir son bâton.

Il ne faut point s'étonner du goût de J.-J. Rousseau pour la retraite ; de pareilles ames sont exposées à se voir seules, à vivre isolées, comme l'aigle ; mais comme lui, l'étendue de leurs regards et la hauteur de leur vol, est le charme de leur solitude.

Quiconque n'a pas de caractère n'est pas un homme, c'est une chose.

On a trouvé le *moi* de Médée sublime; mais celui qui ne peut pas le dire dans tous les accidens de la vie est bien peu de chose.

Tout homme qui se connoît des sentimens élevés a le droit, pour se faire traiter comme il convient, de partir de son caractère, plutôt que de sa position.

Il y a des hommes à qui les illusions sur les choses qui les intéressent sont aussi nécessaires que la vie.

Quelquefois cependant ils ont des aperçus qui feroient croire qu'ils sont près de la vérité ; mais ils s'en éloignent bien vîte, et ressemblent aux enfans qui courent après un masque, et qui s'enfuient si le masque vient à se retourner.

Le sentiment qu'on a pour la plupart des bienfaiteurs, ressemble à la reconnoissance qu'on a pour les arracheurs de dents. On se dit qu'ils vous ont fait du bien, qu'ils vous ont délivré d'un mal, mais on se rappelle la douleur qu'ils ont causée, et on ne les aime guère avec tendresse.

Tout bienfait qui n'est pas cher au cœur est odieux. C'est une relique, ou un os de mort. Il faut l'enchasser ou le fouler aux pieds.

La plupart des bienfaiteurs qui prétendent être cachés, après vous avoir fait du bien, s'enfuient comme la Galatée de Virgile : *et se cupit ante videri.*

On dit communément qu'on s'attache par ses bienfaits. C'est une bonté de la nature. Il est juste que la récompense de bien faire soit d'aimer.

La calomnie est comme la guêpe qui vous importune, et contre laquelle il ne faut faire aucun mouvement, à moins qu'on ne soit sûr de de la tuer, sans quoi elle revient à la charge, plus furieuse que jamais.

La plupart des amitiés sont hérissées de *si* et de *mais*, et aboutissent

à

à de simples liaisons, qui subsistent à force de *sous-entendus*.

Il y a entre les mœurs anciennes et les nôtres le même rapport qui se trouve entre Aristide, contrôleur-général des Athéniens, et l'abbé Terray.

Il y a peu de bienfaiteurs qui ne disent comme Satan : *si cadens adoraveris me*.

La pauvreté met le crime au rabais.

L'amitié extrême et délicate est souvent blessée du replis d'une rose.

La générosité n'est que la pitié des ames nobles.

Jouis et fais jouir, sans faire de mal ni à toi, ni à personne; voilà, je crois, toute la morale.

Pour les hommes vraiment honnêtes, et qui ont de certains principes, les commandemens de Dieu ont été mis en abrégé sur le frontispice de l'abbaye de Thelême : *fais ce que tu voudras.*

J'ai détruit mes passions, à peu près comme un homme violent tue son cheval, ne pouvant le gouverner.

Le jansénisme des chrétiens, c'est le stoïcisme des païens, dégradé de figure et mis à la portée d'une populace chrétienne; et cette secte a eu des Pascal et des Arnaud pour défenseurs!

L'amour est comme les maladies épidémiques; plus on les craint, plus on y est exposé.

Un homme amoureux est un homme qui veut être plus aimable qu'il ne peut; et voilà pourquoi presque tous les amoureux sont ridicules.

Les femmes ont des fantaisies, des engouemens, quelquefois des goûts. Elles peuvent même s'élever jusqu'aux passions. Ce dont elles sont le moins susceptibles, c'est l'attachement. Elles sont faites pour commercer avec nos foiblesses, avec notre folie, mais non avec notre raison. Il existe entre elles et les hommes des sympathies d'épiderme, et très-peu de sympathies d'esprit, d'ame et de caractère. C'est ce qui est prouvé par le peu de cas qu'elles font d'un homme de 40 ans. Je dis, même celles qui sont à peu près de cet âge. Observez que quand elles lui accordent une préférence, c'est toujours d'après quelques vues mal-honnêtes, d'après un calcul d'intérêt ou de vanité, et alors l'exception prouve la règle, et même plus que la règle. Ajoutons que ce n'est pas ici le cas de l'axiome: qui prouve trop ne prouve rien.

Otez l'amour propre de l'amour, il en reste trop peu de chose. Une fois purgé de vanité, c'est un convalescent affoibli, qui peut à peine se traîner.

L'amour, tel qu'il existe dans la société, n'est que l'échange de deux fantaisies, et le contact de deux épidermes.

On vous dit quelquefois, pour vous engager à aller chez telle ou telle femme : *elle est très-aimable* : mais si je ne veux pas l'aimer ! Il vaudroit mieux dire, *elle est très-aimante*, parce qu'il y a plus de gens qui veulent être aimés, que de gens qui veulent aimer eux-mêmes.

Si l'on veut se faire une idée de l'amour propre des femmes, dans leur jeunesse, qu'on en juge par celui qui leur reste, après qu'elles ont passé l'âge de plaire.

Il me semble, disoit M. de..., à propos des faveurs des femmes, qu'à la vérité cela se dispute au concours, mais que cela ne se donne ni au sentiment, ni au mérite.

Les jeunes femmes ont un malheur qui leur est commun avec les rois, celui de n'avoir point d'amis. Mais heureusement elles ne sentent pas ce malheur plus que les rois eux-mêmes. La grandeur des uns et la vanité des autres, leur en dérobe le sentiment.

On dit, en politique, que les sages ne font point de conquêtes : cela peut aussi s'appliquer à la galanterie.

Soyez aussi aimable, aussi honnête qu'il est possible, aimez la femme la plus parfaite qui se puisse imaginer, vous n'en serez pas moins dans le cas de lui pardonner ou votre prédécesseur, ou votre successeur.

Pour qu'une liaison d'homme à femme soit vraiment intéressante, il faut qu'il y ait entre eux jouissance, mémoire ou désir.

Il y a des redites pour l'oreille et pour l'esprit ; il n'y en a point pour le cœur.

Qu'est-ce que c'est qu'une maîtresse ? Une femme près de laquelle on ne se souvient plus de ce qu'on sait par cœur, c'est-à-dire, de tous les défauts de son sexe.

L'amour plaît plus que le mariage, par la raison que les romans sont plus amusans que l'histoire.

L'hymen vient après l'amour, comme la fumée après la flamme.

Le mot le plus raisonnable et le plus mesuré qui ait été dit sur la question du célibat et du mariage, est celui-ci : quelque parti que tu prennes, tu t'en repentiras. Fontenelle se repentit, dans ses dernières années, de ne s'être pas marié. Il oublioit 95 ans, passés dans l'insouciance.

En fait de mariage, il n'y a de reçu que ce qui est sensé, et il n'y a d'intéressant que ce qui est fou. Le reste est un vil calcul.

On marie les femmes avant qu'elles soient rien, et qu'elles puissent rien être. Un mari n'est qu'une espèce de manœuvre qui tracasse le corps de sa femme, ébauche son esprit, et dégrossit son ame.

Le divorce est si naturel que, dans plusieurs maisons, il couche toutes les nuits entre deux époux.

Une femme laide, impérieuse, et qui veut plaire, est un pauvre qui commande qu'on lui fasse la charité.

Il paroît qu'il y a dans le cerveau des femmes une case de moins, et dans leur cœur une fibre de plus, que chez les hommes. Il falloit une organisation particulière pour les rendre capables de supporter, soigner, caresser les enfans.

Un homme amoureux, qui plaint

l'homme raisonnable, me paroît ressembler à un homme qui lit des contes de fées, et qui raille ceux qui lisent l'histoire.

L'amour est un commerce orageux, qui finit toujours par une banqueroute; et c'est la personne à qui on fait banqueroute qui est déshonorée.

Une des meilleures raisons qu'on puisse avoir de ne se marier jamais, c'est qu'on n'est pas tout à fait la dupe d'une femme, tant qu'elle n'est point la vôtre.

Avez-vous jamais connu une femme qui, voyant un de ses amis assidu auprès d'une autre femme, ait supposé que cette femme lui fût cruelle ? On voit par là l'opinion qu'elles ont les unes des autres. Tirez vos conclusions.

On a observé que les écrivains en physique, histoire naturelle, physiologie, chimie, étoient ordinairement des hommes d'un caractère doux, égal, et en général heureux ; qu'au contraire, les écrivains de politique, de législation, même de morale, étoient d'une humeur triste, mélancolique, etc. Rien de plus simple ; les uns étudient la nature, les autres la société. Les uns contemplent l'ouvrage du grand Être ; les autres arrêtent leurs regards sur l'ouvrage de l'homme. Les résultats doivent être différens.

Quelqu'un a dit que de prendre

sur les anciens, c'étoit pirater au-delà de la ligne; mais que de piller les modernes, c'étoit filouter au coin des rues.

La plupart des livres d'à présent ont l'air d'avoir été faits en un jour, avec des livres lus de la veille.

Les gens de lettres aiment ceux qu'ils amusent, comme les voyageurs aiment ceux qu'ils étonnent.

Un auteur, homme de goût, est, parmi ce public blasé, ce qu'une jeune femme est au milieu d'un cercle de vieux libertins.

Peu de philosophie mène à mépriser l'érudition; beaucoup de philosophie mène à l'estimer.

Le

Le travail du poëte, et souvent de l'homme de lettres, lui sont bien peu fructueux à lui-même; et de la part du public, il se trouve placé entre le *grand merci*, et le *va te promener*. Sa fortune se réduit à jouir de lui-même et du temps.

Ce qui fait le succès de quantité d'ouvrages est le rapport qui se trouve entre la médiocrité des idées de l'auteur, et la médiocrité des idées du public.

L'honneur d'être de l'académie française est comme la croix de Saint Louis, qu'on voit également au soupé de Marly, et dans les auberges à 22 sous.

C'est la philosophie qui découvre

les vertus utiles de la morale et de la politique. C'est l'éloquence qui les rend populaires. C'est la poësie qui les rend, pour ainsi dire, proverbiales.

On n'est point un homme d'esprit pour avoir beaucoup d'idées, comme on n'est pas un bon général pour avoir beaucoup de soldats.

La conviction est la conscience de l'esprit.

On se fâche souvent contre les gens de lettres qui se retirent du monde. On veut qu'ils prennent intérêt à la société dont ils ne tirent presque point d'avantages : on veut les forcer d'assister éternellement aux tirages d'une loterie où ils n'ont point de billets.

Les gens de lettres, surtout les poëtes, sont comme les paons, à qui on jette mesquinement quelques graines dans leur loge, et qu'on en tire quelquefois pour les voir étaler leur queue, tandis que les coqs, les poules, les canards et les dindons se promènent librement dans la basse-cour, et remplissent leur jabot tout à leur aise.

Les mémoires que les gens en place ou les gens de lettres, même ceux qui ont passé pour les plus modestes, laissent pour servir à l'histoire de leur vie, trahissent leur vanité secrète, et rappellent l'histoire de ce saint qui avoit laissé cent mille écus pour servir à sa canonisation.

C'est après l'âge des passions que

les grands hommes ont produit leurs chefs-d'œuvres, comme c'est après les éruptions des volcans que la terre est plus fertile.

Les gens de lettres sont rarement jaloux des réputations quelquefois exagérées qu'ont certains ouvrages des gens de la Cour; ils regardent ces succès comme les honnêtes femmes regardent la fortune des filles.

J'ai vu à Anvers, dans une des principales églises, le tombeau du célèbre imprimeur Plantin, orné de tableaux superbes, ouvrages de Rubens, et consacrés à sa mémoire. Je me suis rappelé à cette vue que les Etienne, Henri et Robert, qui par leur érudition grecque et latine ont rendu les plus grands services aux lettres, traînèrent en France une vieillesse misérable; et que Charles Etienne, leur successeur, mourut à l'hôpital, après avoir contribué presqu'autant qu'eux aux progrès de la littérature. Je me suis rappelé qu'André Duchêne, qu'on peut regarder comme le père de l'histoire de France, fut chassé de Paris, par la misère, et réduit à se réfugier dans une petite ferme qu'il avoit en Champagne. Il se tua en tombant du haut d'une charrette, chargée de foin, à une hauteur immense. Adrien de Valois, créateur de l'histoire métallique, n'eut guère une meilleure destinée. Samson, le père de la géographie, alloit à 70 ans faire des leçons, à pied, pour vivre. Tout le monde sait la destinée des Duryer, Tristan, Maynard, et de tant d'autres. Corneille manquoit de bouillon, à sa dernière maladie. Lafontaine n'étoit guère mieux. Si Racine, Boileau, Molière et Quinault eurent un sort plus heureux, c'est que leurs talens étoient consacrés au roi plus particulièrement. L'abbé Delonguerue, qui rapporte et rapproche plusieurs de ces anecdotes sur le triste sort des hommes de lettres, illustres en France, ajoute : c'est ainsi qu'on en a toujours usé dans ce misérable pays. Cette liste si célèbre des gens de lettres que le roi vouloit pensionner, et qui fut présentée à Colbert, étoit l'ouvrage de Chapelain, Perrault, l'abbé Gallois, qui omirent ceux de leurs confrères qu'ils haïssoient, tandis qu'ils y placèrent les noms de plusieurs savans étrangers, sachant très-bien que le roi et le ministre seroient plus flattés de se faire louer à 400 lieues de Paris.

Lorsque l'on considère que le produit du travail des lumières de trente ou quarante siècles, a été de livrer trois cents millions d'hommes, répandus sur le globe, à une trentaine de despotes, la plupart ignorans et imbécilles, dont chacun est gouverné par trois ou quatre scélérats, quelquefois stupides; que penser de l'humanité, et qu'attendre d'elle à l'avenir ?

Autrefois, le trésor royal s'appeloit l'épargne. On a rougi de ce nom qui sembloit une contre-vérité, depuis qu'on a prodigué les trésors de l'Etat, et on l'a tout simplement appelé le trésor royal.

Le titre le plus respectable de la noblesse française, c'est de descendre immédiatement de ces trente mille hommes casqués, cuirassés, brassardés, cuissardés, qui sur de grands chevaux, bardés de fer, fouloient aux pieds huit ou neuf millions d'hommes nus, qui sont les ancêtres de la nation actuelle. Voilà un droit bien avéré à l'amour et au respect de leurs descendans ! et pour achever de rendre cette noblesse respectable, elle se recrute et se régénère par l'adoption de ces hommes qui ont accru leur fortune en dépouillant la cabane du pauvre, hors d'état de payer les impositions. Misérables institutions humaines qui, faites pour inspirer le mépris et l'horreur, exigent qu'on les respecte et qu'on les révère !

La nécessité d'être gentilhomme pour être capitaine de vaisseau, est tout aussi raisonnable que celle d'être secrétaire du roi pour être matelot ou mousse.

Cette impossibilité d'arriver aux grandes places, à moins que d'être gentilhomme, est une des absurdités les plus funestes, dans presque tous les pays. Il me semble voir des ânes défendre les carrousels et les tournois aux chevaux.

La nature, pour faire un homme vertueux ou un homme de génie, ne va pas consulter Cherin (1).

---

(1) Généalogiste.

On a fait des livres sur les intérêts des princes : on parle d'étudier les intérêts des princes : quelqu'un a-t-il jamais parlé d'étudier les intérêts des peuples ?

Les ministres ne sont que des gens d'affaires, et ils ne sont si importans que parce que la terre du gentilhomme leur maître est très-considérable.

Paris, singulier pays, où il faut 30 s. pour dîner; quatre francs pour prendre l'air; 100 louis pour avoir le superflu dans le nécessaire, et 400 louis pour n'avoir que le nécessaire dans le superflu.

On pourroit appliquer à la ville de Paris les propres termes de

Ste. Thérèse, pour définir l'enfer; l'endroit où il pue et où on n'aime point.

En France, on laisse en repos ceux qui mettent le feu, et on persécute ceux qui sonnent le tocsin.

En France, il n'y a plus de public ni de nation, par la raison que de la charpie n'est pas du linge.

Les flatteurs des princes ont dit que la chasse étoit une image de la guerre; et en effet, les paysans dont elle vient de ravager les champs, doivent trouver qu'elle la représente assez bien.

C'est une vérité incontestable, qu'il y a en France sept millions d'hommes qui demandent l'aumône, et douze millions hors d'état de la leur faire.

La noblesse, dit-on souvent, est un intermédiaire entre le roi et le peuple..... Oui, comme le chien de chasse est un intermédiaire entre le chasseur et les lièvres.

Il en est un peu des réputations littéraires, et surtout des réputations de théâtre, comme des fortunes qu'on faisoit autrefois dans les îles. Il suffisoit presque autrefois d'y passer, pour parvenir à une grande richesse, mais ces grandes fortunes mêmes ont nui à celles de la génération suivante : les terres épuisées n'ont plus rendu si abondamment.

Tout ce qui sort de la classe du peuple s'arme contre lui, pour l'opprimer : depuis le milicien, le négociant devenu secrétaire du roi, le prédicateur sorti d'un village, pour prêcher la soumission au pouvoir arbitraire, l'historiographe, fils d'un bourgeois, etc. Ce sont les soldats de Cadmus : les premiers armés se tournent contre leurs frères, et se précipitent sur eux.

Les pauvres sont les nègres de l'Europe.

En voyant le grand nombre de députés à l'assemblée nationale de 1789, et tous les préjugés dont la plupart étoient remplis, on eut dit qu'ils ne les avoient détruits que pour les prendre; comme ces gens qui abattent un édifice pour s'approprier les décombres.

Les courtisans et ceux qui vivoient des abus monstrueux qui écrasoient la France, sont sans cesse à dire qu'on pouvoit réformer les abus sans détruire comme on a détruit. Ils auroient bien voulu qu'on nettoyât l'étable d'Augias avec un plumeau.

Notre siècle a produit huit grandes comédiennes; quatre du théâtre et quatre de la société. Les quatre premières sont, mademoiselle d'Angeville, mademoiselle Dumesnil, mademoiselle Clairon et madame Saint-Huberti; les quatre autres sont, madame de Mont....., madame de Genl....., madame N....., et madame d'Angiv.....

On sait le discours fanatique que l'évêque de Dol a tenu au roi, au sujet du rappel des protestans. Il parla au nom du clergé. L'évêque de Saint-Pol lui ayant demandé pourquoi il avoit parlé au nom de ses confrères sans les consulter : j'ai consulté, dit-il, mon crucifix. En ce cas, répliqua l'évêque de Saint-Pol, il falloit répéter exactement ce que votre crucifix vous avoit répondu.

Le maréchal de Richelieu ayant proposé pour maîtresse de Louis XV une grande dame, j'ai oublié laquelle ; le roi n'en voulut pas, disant, qu'elle coûteroit trop cher à renvoyer.

M. de Tressan avoit fait, en 1738, des couplets contre M. le duc de Nivernois, et sollicita l'académie, en 1780. Il alla chez M. de Nivernois, qui le reçut à merveille, lui parla du succès de ses derniers ouvrages, et le renvoyoit comblé d'espérances, lorsque, voyant M. de Tressan prêt à remonter en voiture, il lui dit : adieu, M. le comte, je vous félicite de n'avoir pas plus de mémoire.

Le maréchal de Biron eut une maladie très-dangereuse. Il voulut se confesser, et dit devant plusieurs de ses amis : ce que je dois à Dieu, ce que je dois au roi, ce que je dois à l'Etat..... Un de ses amis l'interrompit. Tais-toi, dit-il, tu mourras insolvable.

M..... me disoit : j'ai vu des femmes de tous les pays; l'Italienne ne croit être aimée de son amant que quand il est capable de commettre un crime pour elle ; l'Anglaise une folie, et la Française une sottise.

Duclos disoit de je ne sais quel bas coquin qui avoit fait fortune : on lui crache au visage, on le lui essuye avec le pied, et il remercie.

Un homme alloit, depuis trente ans, passer toutes les soirées chez madame de... ; il perdit sa femme ; on crut qu'il épouseroit l'autre, et on l'y encourageoit. Il refusa : je ne saurois plus, dit-il, où aller passer mes soirées.

Madame de Tencin, avec des manières douces, étoit une femme sans principes, et capable de tout, exactement. Un jour, on louoit sa douceur : oui, dit l'abbé Trublet, si elle eût eu intérêt de vous empoisonner, elle eût choisi le poison le plus doux.

On réfutoit je ne sais quelle opinion de M.... sur un ouvrage, en lui parlant du public qui en jugeoit autrement. Le public, le public! dit-il, combien faut-il de sots pour faire un public?

M. d'Argenson disoit à M. le comte de Sébourg, qui étoit l'amant de sa femme : il y a deux places qui vous conviendroient également; le gouvernement de la bastille et celui des invalides. Si je vous donne la bastille, tout le monde dira que je vous y ai envoyé : si je vous donne les invalides, on croira que c'est ma femme.

M.... disait : Les femmes n'ont de bon que ce qu'elles ont de meilleur.

Un homme épris des charmes de l'état de prêtrise, disoit : quand je devrois être damné, il faut que je me fasse prêtre.

Madame de Bassompierre, vivant à la cour du roi Stanislas, étoit la maîtresse connue de M. de la Galaizière, chancelier du roi de Pologne. Le roi alla un jour chez elle, et prit avec elle quelques libertés qui ne réussirent pas. Je me tais, dit Stanislas ; mon chancelier vous dira le reste.

Autrefois on tiroit le gâteau des

rois avant le repas. M. Fontenelle fut roi ; et comme il négligeoit de servir d'un excellent plat qu'il avoit devant lui, on lui dit : le roi oublie ses sujets. A quoi il répondit : voilà comme nous sommes, nous autres.

Quinze jours avant l'attentat de Damien, un négociant provençal, passant dans une petite ville, à six lieues de Lyon, et étant à l'auberge, entendit dire, dans une chambre qui n'étoit séparée de la sienne que par une cloison, qu'un nommé Damien devoit assassiner le roi. Ce négociant venoit à Paris : il alla se présenter chez M. Berrier, ne le trouva point, lui écrivit ce qu'il avoit entendu, retourna voir M. Berrier, et lui dit qui il étoit. Il repartit pour sa province : comme il étoit en route, arriva l'attentat de Damien. M. Berrier qui comprit que ce négociant conteroit son histoire, et que cette négligence le perdroit, lui Berrier, envoie un exempt de police et des gardes sur la route de Lyon; on saisit l'homme, on le bâillonne, on l'amène à Paris, on le met à la bastille, où il est resté pendant 18 ans. M. de Malesherbes, qui en délivra plusieurs prisonniers en 1775, conta cette histoire dans le premier moment de son indignation.

M. de Roquemont, dont la femme étoit très-galante, couchoit une fois par mois dans la chambre de madame, pour prévenir les mauvais propos si elle devenoit grosse, et s'en alloit en disant : me voilà net, arrive qui plante.

M. de..., que des chagrins amers empêchoient de reprendre sa santé, me disoit : qu'on me montre le fleuve d'Oubli, et je trouverai la fontaine de Jouvence.

On faisoit une quête à l'académie française ; il manquoit un écu de six francs ou un louis d'or : un des membres, connu par son avarice, fut soupçonné de n'avoir pas contribué. Il soutint qu'il avoit mis ; celui qui faisoit la collecte dit : je ne l'ai pas vu, je le crois. M. de Fontenelle termina la discussion, en disant : je l'ai vu, moi ; mais je ne le crois pas.

L'abbé Maury allant chez le cardinal de la Roche-Aimon, le rencontra, revenant de l'assemblée du clergé. Il lui trouva de l'humeur, et lui en demanda la raison. J'en ai de bien bonnes, dit le vieux cardinal; on m'a engagé à présider cette assemblée du clergé, où tout s'est passé on ne sauroit plus mal. Il n'y a pas jusqu'à ces jeunes agens du clergé, cet abbé de la Luzerne, qui ne veulent pas se payer de mauvaises raisons.

Un évêque de St. Brieux, dans une oraison funèbre de Marie-Thérèse, se tira d'affaire fort simplement, sur le partage de la Pologne : la France, dit-il, n'ayant rien dit sur ce partage, je prendrai le parti de faire comme la France, et de n'en rien dire non plus.

Madame la duchesse du Maine

dont la santé alloit mal, grondoit son médecin, et lui disoit : étoit-ce la peine de m'imposer tant de privations, et de me faire vivre en mon particulier ? — Mais V. A. a maintenant 40 personnes au château. — Eh bien ! ne savez-vous pas que 40 ou 50 personnes sont le particulier d'une princesse ?

Le duc de Chartres (1), apprenant l'insulte faite à madame la duchesse de Bourbon, sa sœur, par M. le comte d'Artois, dit : on est bien heureux de n'être ni père, ni mari.

Un jour que l'on ne s'entendoit pas dans une dispute à l'académie, M. de Mairan dit : messieurs, si

(1) Le dernier duc d'Orléans.

nous

nous ne parlions que quatre à la fois.

Le comte de Mirabeau, très-laid de figure, mais plein d'esprit, ayant été mis en cause pour un prétendu rapt de séduction, fut lui-même son avocat. Messieurs, dit-il, je suis accusé de séduction; pour toute réponse et pour toute défense, je demande que mon portrait soit mis au greffe. Le commissaire n'entendoit pas; bête, dit le juge, regarde donc la figure de monsieur.

M.... me disait : c'est faute de pouvoir placer un sentiment vrai, que j'ai pris le parti de traiter l'amour comme tout le monde. Cette ressource a été mon pis aller, comme un homme qui, voulant aller au spectacle, et n'ayant pas trouvé de place à Iphigénie, s'en va aux variétés amusantes.

M. le duc de Choiseul étoit du jeu de Louis XV, quand il fut exilé. M. de Chauvelin, qui en étoit aussi, dit au roi qu'il ne pouvoit le continuer, parce que le duc en étoit de moitié. Le roi dit à M. de Chauvelin : demandez-lui s'il veut continuer. M. de Chauvelin écrivit à Chanteloup : M. de Choiseul accepta. Au bout du mois, le roi demanda si le partage des gains étoit fait. Oui, dit M. de Chauvelin, M. de Choiseul gagne trois mille louis. Ah ! j'en suis bien aise, dit le roi, mandez le lui bien vîte.

Madame de B...., ne pouvant

malgré son grand crédit, rien faire pour M. de D..., son amant, homme par trop médiocre, l'a épousé. En fait d'amans, il n'est pas de ceux que l'on montre; en fait de maris, on montre tout.

Le Czar Pierre Ier. étant à Spithéad, voulut savoir ce que c'étoit que le châtiment de la cale qu'on inflige aux matelots. Il ne se trouva pour lors aucun coupable. Pierre dit: qu'on prenne un de mes gens. Prince, lui répondit-on, vos gens sont en Angleterre, et par conséquent sous la protection des lois.

M. d'Argenson apprenant à la bataille de Raucoux, qu'un valet d'armée avoit été blessé d'un coup de canon derrière l'endroit où il étoit lui-même avec le roi, disoit : ce drôle-là ne nous fera pas l'honneur d'en mourir.

Quand M. le comte d'Estaing, après sa campagne de la Grenade, vint faire sa cour à la reine, pour la première fois, il arriva porté sur ses béquilles, et accompagné de plusieurs officiers blessés comme lui; la reine ne sut lui dire autre chose, sinon : M. le comte, avez-vous été content du petit Laborde ?

Je n'ai vu dans le monde, disoit M..... que des dîners sans digestion, des soupers sans plaisir, des conversations sans confiance, des liaisons sans amitié, et des coucheries sans amour.

M... me disoit : j'ai renoncé à l'amitié de deux hommes, l'un parce qu'il ne m'a jamais parlé de lui, l'autre parce qu'il ne m'a jamais parlé de moi.

On demandoit au même pourquoi les gouverneurs de province avoient plus de faste que le roi; c'est, dit-il, que les comédiens de campagne chargent plus que ceux de Paris.

M....., intendant de province, homme fort ridicule, avoit plusieurs personnes dans son salon, tandis qu'il étoit dans son cabinet dont la porte étoit ouverte. Il prend un air affairé et, tenant des papiers à la main, il dicte gravement à son secrétaire : Louis, par la grâce de Dieu, roi de France et de Navarre, à tous ceux qui ces présentes lettres verront, (verront un t à la fin) Salut. Le reste est de forme, dit-il, en remettant les papiers; et il passe dans la salle d'audience, pour livrer au public le grand homme occupé de tant de grandes affaires.

Le Régent envoya demander au président Daron, la démission de sa place de premier président du parlement de Bordeaux. Celui-ci répondit qu'on ne pouvoit lui ôter sa place sans lui faire son procès. Le Régent, ayant reçu la lettre, mit au bas: *Qu'à cela ne tienne*, et la renvoya pour réponse. Le président connoissant le prince auquel il avoit à faire, envoya sa démission.

M. de la R*****, obligé de choisir entre la place d'administrateur des postes et celle de fermier-général, après avoir possédé ces deux places, dans lesquelles il avoit été maintenu par le crédit des grands seigneurs qui soupoient chez lui, se plaignit à eux de l'alternative qu'on lui proposoit et qui diminuoit de beaucoup son revenu. Un d'eux lui dit naïvement : eh ! mon dieu, cela ne fait pas une grande différence dans votre fortune. C'est un million à mettre à fonds perdu, et nous n'en viendrons pas moins souper chez vous.

M..., provençal, qui a des idées assez plaisantes, me disoit, à propos de rois et même de ministres, que la machine étant bien montée, le choix des uns et des autres étoit indifférent. Ce sont, disoit-il, des chiens dans un tournebroche : il suffit qu'ils remuent les pattes pour que tout aille bien. Que le chien soit beau, qu'il ait de l'intelligence, ou du nez, ou rien de tout cela, la broche tourne, et le soupé sera toujours à peu près bon.

On faisoit une procession avec la châsse de sainte Geneviève, pour obtenir de la sécheresse. A peine la procession fut-elle en route, qu'il commença à pleuvoir ; sur quoi l'évêque de Castres dit plaisamment : la sainte se trompe ; elle croit qu'on lui demande de la pluie.

On venoit de citer quelques traits de la gourmandise de plusieurs souverains. Que voulez-vous, dit le bon homme M. de Brequigny, que voulez-vous que fassent ces pauvres rois ? il faut bien qu'ils mangent.

M. de Malesherbes disoit à M. de Maurepas qu'il falloit engager le roi à aller voir la bastille. Il faut bien s'en garder, lui répondit M. de Maurepas ; il ne voudroit plus y faire mettre personne.

Pendant un siége, un porteur d'eau crioit dans la ville : à six sous la voie d'eau. Une bombe vient et emporte un de ses seaux. A douze sous le seau d'eau, s'écrie le porteur, sans s'étonner.

L'abbé de Molière étoit un homme simple et pauvre, étranger à tout, hors à ses travaux, sur le système de Descartes ; il n'avoit point de valet, et travailloit dans son lit, faute de bois, sa culotte sur sa tête, par dessus son bonnet, les deux côtés pendant à droite et à gauche. Un matin, il entend frapper à sa porte. — Qui va là? — Ouvrez. — Il tire un cordon et la porte s'ouvre : l'abbé de Molière ne regardant point. — Qui êtes-vous ? — Donnez-moi de l'argent. — De l'argent? — Oui, de l'argent. — Ah! j'entends, vous êtes un voleur. — Voleur ou non, il me faut de l'argent. — Vraiment oui, il vous en faut. Eh bien! cherchez là-dedans, (il tend le cou, et présente un des côtés de la culotte) : le voleur fouille. — Eh bien! il n'y a point d'argent. — Vraiment non, mais il y a ma clé. — Eh bien! cette clé. — Cette clé, prenez-là. - Je la tiens. - Allez-vous-en à ce secrétaire : ouvrez. — Le voleur met la clé à un autre tiroir. — Laissez donc : ne dérangez pas : ce sont mes papiers. Ventrebleu, finirez-vous ? ce sont mes papiers : à l'autre tiroir, vous trouverez de l'argent. — Le voilà. – Eh bien ! prenez. Fermez donc le tiroir. Le voleur s'enfuit. — M. le voleur, fermez donc la porte. Morbleu ! il laisse la porte ouverte... ! quel chien de voleur ! Il faut que je me lève par le froid qu'il fait : maudit voleur ! L'abbé saute en pied, va fermer la porte, et revient se remettre à son travail.

Madame de Montmorin disoit à son fils : vous entrez dans le monde, je n'ai qu'un conseil à vous donner : c'est d'être amoureux de toutes les femmes.

Il faut, disoit M..., flatter l'intérêt ou effrayer l'amour propre des hommes : ce sont des singes qui ne sautent que pour des noix, ou bien dans la crainte du coup de fouet.

Madame de Créqui parlant à la duchesse de Chaulnes de son mariage avec M. de Giac, après les suites désagréables qu'il a eu, lui dit qu'elle auroit dû les prévoir, et insista sur la distance des âges. Madame, lui dit madame de Giac, apprenez qu'une femme de la Cour n'est jamais vieille, et qu'un homme de robe est toujours vieux.

Le comte d'Argenson, homme d'esprit, mais dépravé, et se jouant de sa propre honte, disoit : mes ennemis ont beau faire, ils ne me culbuteront

culbuteront pas. Il n'y a ici personne plus valet que moi.

M. de B*********, homme sans esprit, très-vain, et fier d'un cordon bleu par charge, disoit à un homme, en mettant ce cordon, pour lequel il avoit acheté une place de 50 mille écus : ne seriez-vous pas bien aise d'avoir un pareil ornement? Non, dit l'autre, mais je voudrois avoir ce qu'il vous coûte.

Le marquis de Chatelux, amoureux comme à vingt ans, ayant vu sa femme occupée pendant tout un dîner d'un étranger, jeune et beau, l'aborda au sortir de table, et lui adressoit d'humbles reproches; le marquis de Genlis lui dit : passez, passez, bon homme, on vous a donné. (Formule usitée envers les pauvres qui redemandent l'aumône).

M...., connu par son usage du monde, me disoit que ce qui l'avoit le plus formé, c'étoit d'avoir su coucher, dans l'occasion, avec des femmes de 40 ans, et écouter des vieillards de 80.

M.... disoit que de courir après la fortune avec de l'ennui, des soins, des assiduités auprès des grands, en négligeant la culture de son esprit et de son ame, c'est pêcher au goujon avec un hameçon d'or.

Le duc de Choiseul et le duc de Praslin avoient eu une dispute pour savoir lequel étoit le plus bête du roi ou de M. de la Vrilière; le duc de Praslin soutenoit que c'étoit M. de la Vrilière : l'autre, en fidelle sujet, parioit pour le roi. Un jour, au conseil, le roi dit une grosse bêtise. Eh bien! M. de Praslin, dit le duc de Choiseul; qu'en pensez-vous?

Quelque temps avant que Louis XV fût arrangé avec madame de Pompadour, elle couroit après lui aux chasses. Le roi eut la complaisance d'envoyer à M. d'Etioles une ramure de cerf. Celui-ci la fit mettre dans sa salle à manger, avec ces mots : présent fait par le roi à M. d'Etioles.

Madame de G*** vivoit avec M. de S****. Un jour qu'elle avoit son mari à sa toilette, un soldat arrive, et lui demande sa protection auprès de M. de S****, son colonel, auquel il demandoit un congé. Madame de G*** se fâche contre cet impertinent; dit qu'elle ne connoît M. de S*** que comme tout le monde, en un mot, refuse. M. de ***, son mari, retient le soldat, et lui dit: Va demander ton congé en mon nom; et si S***** te le refuse, dis-lui que je lui ferai donner le sien.

—

M.... débitoit souvent des maximes de roué, en fait d'amour, mais dans le fond il étoit sensible, et fait pour les passions. Aussi quelqu'un disoit-il de lui: il a fait semblant d'être mal-honnête, afin que les femmes ne le rebutent pas.

Voltaire disoit, à propos de l'anti-machiavel du roi de Prusse: il crache au plat pour en dégoûter les autres.

On faisoit compliment à madame Denis de la façon dont elle venoit de jouer Zaïre. Il faudroit, dit-elle, être belle et jeune. Ah! madame, reprit le complimenteur naïvement, vous êtes bien la preuve du contraire.

M. Poissonnier, le médecin, après son retour de Russie, alla à Ferney, et parlant à M. de Voltaire de tout ce qu'il avoit dit de faux et d'exagéré sur ce pays-là : mon ami, répondit naïvement Voltaire, au lieu de s'amuser à contredire, ils m'ont donné de bonnes pelisses, et je suis très-frileux.

Un banquier anglais, nommé Ser ou Sair, fut accusé d'avoir fait une conspiration pour enlever le roi (Georges III) et le transporter à Philadelphie. Amené devant ses juges, il leur dit : je sais très-bien ce qu'un roi peut faire d'un banquier, mais j'ignore ce qu'un banquier peut faire d'un roi.

On disoit à un satirique anglais : tonnez sur les vices, mais ménagez les vicieux. Comment, dit-il, condamner les cartes, et pardonner aux escrocs?

Madame de H..... me racontoit la mort de M. le duc d'Aumont. Cela a tourné bien court, disoit-elle ; deux jours auparavant, M. Bouvard lui avoit permis de manger, et le jour même de sa mort, deux heures avant la récidive de sa paralysie, il étoit, comme à trente ans, comme il avoit été toute sa vie : il avoit demandé son perroquet, avoit dit : brossez ce fauteuil, voyons mes deux broderies nouvelles ; enfin, toute sa tête, ses idées comme à l'ordinaire.

J.-J. Rousseau passe pour avoir eu madame la comtesse de B*****, et même (qu'on me passe ce terme) pour l'avoir manquée, ce qui leur donna beaucoup d'humeur l'un contre l'autre. Un jour on disoit devant eux que l'amour du genre humain éteignoit l'amour de la patrie. Pour moi, dit-elle, je sais par mon exemple, et je sens que cela n'est pas vrai ; je suis très-bonne française, et je ne m'intéresse pas moins au bonheur de tous les peuples. Oui, je vous entends, dit Rousseau, vous êtes française par votre buste, et cosmopolite du reste de votre personne.

Une des maîtresses de M. le régent lui ayant parlé d'affaires dans un rendez-vous, il parut l'écouter avec attention. Croyez-vous, lui répondit-il, que le chancelier soit une bonne jouissance ?

M. de.... qui avoit vécu avec des princesses d'Allemagne, me disoit : croyez-vous que M. de L... ait madame de S.... ? je lui répondis : il n'en a pas même la prétention. Il se donne pour ce qu'il est, pour un libertin, un homme qui aime les filles par-dessus tout. Jeune homme, me répondit-il, n'en soyez pas la dupe ; c'est avec cela que l'on a des reines.

M. de Stainville, lieutenant-général, venoit de faire enfermer sa femme. M. de Vaubecourt, maréchal de camp, sollicitoit un ordre pour faire enfermer la sienne. Il venoit d'obtenir l'ordre, et sortoit de chez le ministre avec un air triomphant. M. de Stainville, qui crut qu'il venoit d'être nommé lieutenant-général, lui dit devant beaucoup de monde : je vous félicite, vous êtes surement des nôtres.

Les gens du monde ne sont pas plutôt attroupés, qu'ils se croient en société.

L'Ecluse, celui qui a été à la tête des *Variétés amusantes*, racontoit que, tout jeune et sans fortune, il arriva à Lunéville, où il obtint la place de dentiste du roi Stanislas, précisément le jour où le roi perdit sa dernière dent.

On assure que madame de Montpensier, ayant été quelquefois obligée, pendant l'absence de ses dames, de se faire remettre un soulier par quelqu'un de ses pages, lui demandoit s'il n'avoit pas eu quelque tentation. Le page répondoit qu'oui. La princesse, trop honnête pour profiter de cet aveu, leur donnoit quelques louis pour les mettre en état d'aller chez quelque fille perdre la tentation dont elle étoit la cause.

De jeunes gens de la cour soupoient chez M. de Conflans. On débute par une chanson libre, mais sans excès d'indécence. M. de Fronsac (1), sur le champ se met à chanter des couplets abominables qui étonnèrent même la bande joyeuse. M. de Conflans interrompt le silence universel en disant : que diable ! Fronsac, il y a dix bouteilles de vin de Champagne entre cette chanson et la première.

On disputoit chez madame de Luxembourg sur ce vers de l'abbé Delille :

Et ces deux grands débris se consoloient entre eux.

On annonce le bailli de Breteuil et madame de la R****. Le vers est bon, dit la maréchale.

Madame du Défant, étant petite fille, et au couvent, y prêchoit

(1) Le fils du maréchal de Richelieu.

l'irréligion à ses petites camarades. L'abbesse fit venir Massillon, à qui la petite exposa ses raisons. Massillon se retira, en disant : elle est charmante. L'abbesse, qui mettoit de l'importance à tout cela, demanda à l'évêque quel livre il falloit faire lire à cette enfant. Il réfléchit une minute, et il répondit : un catéchisme de cinq sous ; on ne put en tirer autre chose.

Le prétendant, retiré à Rome, vieux et tourmenté de la goutte, crioit dans ses accès : *pauvre roi, pauvre roi !* Un français, voyageur qui alloit souvent chez lui, lui dit qu'il s'étonnoit de n'y pas voir d'anglais. Je sais pourquoi, répondit-il. Ils s'imaginent que je me ressouviens de ce qui s'est passé. Je les verrois

encore

encore avec plaisir. J'aime mes sujets, moi.

M. de Barbançon, qui avoit été très-beau, possédoit un très-joli jardin que madame la duchesse de la Vallière alla voir. Le propriétaire, alors très-vieux et très-goutteux, lui dit qu'il avoit été amoureux d'elle à la folie. Madame de la Vallière lui répondit : hélas ! mon Dieu, que ne parliez-vous ? vous m'auriez eue comme les autres.

L'abbé Fraguier perdit un procès qui avoit duré vingt ans. On lui faisoit remarquer toutes les peines que lui avoient causées un procès qu'il avoit fini par perdre. Oh ! dit-il, je l'ai gagné tous les soirs pendant vingt ans. Ce mot est très-philosophique, et peut s'appliquer à tout. Il explique comment on aime la coquette. Elle vous fait gagner votre procès pendant six mois, pour un jour où elle vous le fait perdre.

M. de Maurepas et M. de Saint-Florentin, tous deux ministres dans le temps de madame de Pompadour, firent un jour, par plaisanterie, la répétition du compliment de renvoi qu'ils prévoyoient que l'un feroit un jour à l'autre. Quinze jours après cette facétie, M. de Maurepas entre un jour chez M. de Saint-Florentin, prend un air triste et grave, et vient lui demander sa démission. M. de Saint-Florentin paroissoit en être la dupe, lorsqu'il fut rassuré par un éclat de rire de M. de Maurepas. Trois semaines après, arriva le tour de celui-ci, mais sérieusement. M. de Saint-Florentin entre chez lui et, se rappelant le commencement de la harangue de M. de Maurepas le jour de sa facétie, il répéta ses propres mots. M. de Maurepas crut d'abord que c'étoit une plaisanterie; mais voyant que l'autre parloit tout de bon : allons, dit-il, je vois bien que vous ne me persifflez pas. Vous êtes un honnête homme. Je vais vous donner ma démission.

L'abbé Mauri, tâchant de faire conter à l'abbé de Boismond, vieux et paralytique, les détails de sa jeunesse et de sa vie : l'abbé, lui dit celui-ci, vous me prenez mesure; indiquant qu'il cherchoit des matériaux pour son éloge à l'académie.

M.... disoit, à propos de sottises

ministérielles et ridicules : sans le gouvernement, on ne riroit plus en France.

Il a plû un moment à madame la duchesse de Grammont de dire que M. de L***** avoit autant d'esprit que M. de L*****. M. de Créqui rencontre celui-ci, et lui dit : tu dînes aujourd'hui chez moi. — Mon ami, cela m'est impossible. — Il le faut ; et d'ailleurs tu y es intéressé. — Comment ? — L***** y dîne : on lui donne ton esprit ; il ne s'en sert point, il te le rendra.

On disoit de J.-J. Rousseau, c'est un hibou. Oui, dit quelqu'un, mais c'est celui de Minerve ; et quand je sors du devin du village, j'ajouterois, déniché par les grâces.

Deux femmes de la Cour, passant sur le Pont-Neuf, virent, en deux minutes, un moine et un cheval blanc; une des deux, poussant l'autre du coude, lui dit : pour la catin, vous et moi nous n'en sommes pas en peine (1).

Le prince de Conti actuel, s'affligeoit de ce que le comte d'Artois venoit d'acquérir une terre auprès de ses cantons de chasse : on lui fit entendre que les limites étoient bien marquées, qu'il n'y avoit rien à craindre pour lui, etc. Le prince de Conti interrompit le harangueur,

---

(1) Allusion à l'ancien proverbe populaire : *on ne passe jamais sur le Pont-Neuf sans y voir un moine, un cheval blanc et une catin.*

en lui disant : vous ne savez pas ce que c'est que les princes.

Les fléaux physiques, et les calamités de la nature humaine ont rendu la société nécessaire. La société a ajouté aux malheurs de la nature. Les inconvéniens de la société ont amené la nécessité du gouvernement, et le gouvernement ajoute aux malheurs de la société. Voilà l'histoire de la nature humaine.

L'homme qui vit avec lui-même, a besoin de vertu ; celui qui vit avec les autres, a besoin d'honneur.

Le philosophe qui veut éteindre ses passions, ressemble au chimiste qui voudroit éteindre son feu.

On croit communément que l'art de plaire est un grand moyen de faire fortune : savoir s'ennuyer est un art qui réussit bien davantage. Le talent de faire fortune, comme celui de réussir auprès des femmes, se réduit presque à cet art-là.

En voyant quelquefois les friponneries des petits et les brigandages des hommes en place, on est tenté de regarder la société comme un bois rempli de voleurs, dont les plus dangereux sont les archers, préposés pour arrêter les autres.

Je conseillerois à quelqu'un qui veut obtenir une grâce d'un ministre, de l'aborder d'un air triste, plutôt que d'un air riant. On n'aime pas à voir plus heureux que soi.

Quand les princes sortent de leurs misérables étiquettes, ce n'est jamais en faveur d'un homme de mérite, mais d'une fille ou d'un bouffon. Quand les femmes s'affichent, ce n'est presque jamais pour un honnête homme, c'est pour une *espèce*. En tout, lorsque l'on brise le joug de l'opinion, c'est rarement pour s'élever au-dessus, mais presque toujours pour descendre au-dessous.

M... disoit que la goutte ressembloit aux bâtards des princes, qu'on baptise le plus tard qu'on peut.

J.-J. Rousseau étant à Fontainebleau, à la représentation de son devin du village, un courtisan l'aborda, et lui dit poliment : monsieur, permettez-vous que je vous fasse mon compliment? — oui, monsieur, dit Rousseau, s'il est bien. Le courtisan s'en alla; on dit à Rousseau: mais y songez-vous? quelle réponse vous venez de faire! – Fort bonne, dit Rousseau. Connoissez-vous rien de pire qu'un compliment mal fait?

On sait que M. de Luyne, ayant quitté le service, pour un soufflet qu'il avoit reçu sans en tirer vengeance, fut fait bientôt après archevêque de Sens. Un jour qu'il avoit officié pontificalement, un mauvais plaisant prit sa mitre, et l'écartant des deux côtés, c'est singulier, dit-il, comme cette mitre ressemble à un soufflet.

Fontenelle avoit été refusé trois fois de l'académie, et le racontoit souvent. Il ajoutoit : j'ai fait cette histoire à tous ceux que j'ai vu s'affliger d'un refus de l'académie, et je n'ai consolé personne.

A propos des choses de ce bas monde, qui vont de mal en pis, M... disoit : j'ai lu quelque part, qu'en politique il n'y avoit rien de si malheureux, pour les peuples, que les règnes trop longs. J'entends dire que Dieu est éternel, tout est dit.

M. Helvétius, dans sa jeunesse, étoit beau comme l'amour. Un soir qu'il étoit assis dans le foyer, et fort tranquille, quoiqu'auprès de mademoiselle Gaussin, un célèbre financier vint dire à l'oreille de cette actrice, assez haut pour qu'Helvétius l'entendît : mademoiselle, vous seroit-il agréable d'accepter 600 louis en échange de quelques complaisances? Monsieur, répondit-elle (assez haut pour être entendue aussi, et en montrant Helvétius,) je vous en donnerai 200 si vous voulez venir demain matin chez moi avec cette figure-là.

La duchesse de F*****, jeune et jolie, n'avoit point eu d'amans, et l'on s'en étonnoit : une autre femme voulant rappeler qu'elle étoit rousse et que cette raison avoit pu contribuer à la maintenir dans sa tranquille sagesse, dit : elle est comme Samson ; sa force est dans ses cheveux.

Madame Brisard, célèbre par ses galanteries, étant à Plombières, plusieurs femmes de la Cour ne vouloient point la voir. La duchesse de Gisors étoit du nombre ; et comme elle étoit très-dévote, les amis de madame Brisard comprirent que, si madame de Gisors la recevoit, les autres n'en feroient aucune difficulté. Ils entreprirent cette négociation et réussirent. Comme madame Brisard étoit aimable, elle plut bientôt à la dévote, et elles en vinrent à l'intimité. Un jour madame de Gisors lui fit entendre que, tout en concevant très-bien qu'on eût une foiblesse, elle ne comprenoit pas qu'une femme vint à multiplier à un certain point le nombre de ses amans. Hélas ! lui dit madame Brisard, c'est qu'à chaque fois, j'ai cru que celui-là seroit le dernier.

Le

Le Régent vouloit aller au bal, et n'y être pas reconnu. J'en sais un moyen, dit l'abbé Dubois; et, dans le bal, il lui donna des coups de pied dans le derrière. Le Régent qui les trouva trop forts, lui dit: l'abbé, tu me déguises trop.

Lafontaine entendant plaindre le sort des damnés, au milieu du feu de l'enfer, dit: je me flatte qu'ils s'y accoutument, et qu'à la fin ils sont là comme le poisson dans l'eau.

On a dit sur le résultat du conseil de guerre tenu à l'Orient, pour juger l'affaire de M. de Grasse : *L'armée innocentée, le général innocent, le ministre hors de cour, le roi condamné aux dépens.* Il faut savoir que ce conseil coûta au roi quatre millions, et qu'on prévoyoit la chûte de M. de Castries.

On répétoit cette plaisanterie devant une assemblée de jeunes gens de la Cour. Un d'eux, enchanté jusqu'à l'ivresse, dit, en levant les mains après un instant de silence, et avec un air profond : comment ne seroit-on pas charmé des grands événemens, des bouleversemens mêmes qui font dire de si jolis mots ? On suivit cette idée, on repassa les mots, les chansons faites sur tous les désastres de la France. La chanson sur la bataille d'Hochstet fut trouvée mauvaise, et quelques-uns dirent à ce sujet : Je suis fâché de la perte de cette bataille ; la chanson ne vaut rien.

Il s'agissoit de corriger Louis XV, jeune encore, de l'habitude de déchirer les dentelles de ses courtisans. M. de Maurepas s'en chargea. Il parut devant le roi avec les plus belles dentelles du monde. Le roi s'approche, et lui en déchire une. M. de Maurepas, froidement, déchire celle de l'autre main, et dit simplement : cela ne m'a fait nul plaisir. Le roi surpris devint rouge, et depuis ce temps ne déchira plus de dentelles.

Beaumarchais, qui s'étoit laissé maltraiter par le duc de Chaulnes, sans se battre avec lui, reçut un défi de M. de la Blache. Il lui répondit : j'ai refusé mieux.

M. de Sourches, petit fat, hideux, le teint noir, et ressemblant à un hibou, dit un jour en se retirant : voilà la première fois, depuis deux ans, que je vais coucher chez moi. L'évêque d'Agde se retournant, et voyant cette figure, lui dit en le regardant : monsieur perche apparemment.

M. de R. venoit de lire dans une société trois ou quatre épigrammes contre autant de personnes dont aucune n'étoit vivante. On se tourna vers M. de... comme pour lui demander s'il n'en avoit pas quelques-unes dont il put régaler l'assemblée. Moi, dit-il naïvement : tout mon monde vit, je ne puis vous rien dire.

M. de Fontenelle, âgé de 97 ans,

venant de dire à madame Helvétius, jeune, belle et nouvellement mariée, mille choses aimables et galantes, passa devant elle pour se mettre à table, ne l'ayant pas aperçue. Voyez, lui dit madame Helvétius, le cas que je dois faire de vos galanteries; vous passez devant moi sans me regarder. Madame, dit le vieillard, si je vous eusse regardée, je n'aurois pas passé.

Le roi Stanislas venoit d'accorder des pensions à plusieurs ex-jésuites; M. de Tressan lui dit : sire, votre majesté ne fera-t-elle rien pour la famille de Damien, qui est dans la plus profonde misère?

Fontenelle, âgé de 80 ans, s'empressa de relever l'éventail d'une ſemme, jeune et belle, mais mal élevée, qui reçut sa politesse dédaigneusement. Ah ! madame, lui dit-il, vous prodiguez bien vos rigueurs.

M. de Brissac, ivre de gentilhommerie, désignoit souvent Dieu par cette phrase : le gentilhomme d'en haut.

Le curé de Bray ayant passé trois ou quatre fois de la religion catholique à la religion protestante, et ses amis s'étonnant de cette indifférence. - Moi, indifférent! dit le curé; moi, inconstant! Rien de tout cela; au contraire, je ne change point, je veux être curé de Bray.

On sait quelle familiarité le roi de Prusse permettoit à quelques-uns de ceux qui vivoient avec lui.

Le général Quintus-Icilius étoit celui qui en profitoit le plus librement. Le roi de Prusse, avant la bataille de Rosback, lui dit que s'il la perdoit, il se rendroit à Venise, où il vivroit en exerçant la médecine. Quintus lui répondit : *toujours assassin.*

Un paysan partagea le peu de bien qu'il avoit entre ses quatre fils et alla vivre, tantôt chez l'un, tantôt chez l'autre. On lui dit, à son retour d'un de ses voyages chez ses enfans : eh bien ! comment vous ont-ils reçu ? comment vous ont-ils traité ? Ils m'ont traité, dit-il, comme leur enfant. Ce mot paroît sublime dans la bouche d'un père tel que celui-ci.

Pour juger ce que c'est que la

noblesse, disoit M..., il suffit d'observer que M. le prince de Turenne, actuellement vivant, est plus noble que M. de Turenne, et que le marquis de Laval est plus noble que le connétable de Montmorenci.

Quelqu'un disoit que la goutte est la seule maladie qui donne de la considération dans le monde. Je le crois bien, répondit M..., c'est la croix de Saint-Louis de la galanterie.

M. de la R***** devoit épouser mademoiselle de J******, jeune et aimable. Il revenoit de la voir, enchanté du bonheur qui l'attendoit, et disoit à M. de M******, son beau-frère : ne pensez-vous pas en effet que mon bonheur sera parfait ? — Cela dépend de quelques circonstances. — Comment, que voulez-vous dire ? — Cela dépend du premier amant qu'elle aura.

M.... disoit que le grand monde est un mauvais lieu que l'on avoue.

Marmontel, dans sa jeunesse, recherchoit beaucoup le vieux Boindin, célèbre par son esprit et son incrédulité. Le vieillard lui dit : trouvez-vous au café Procope. — Mais nous ne pourrons pas parler de matières philosophiques. — Si fait, en convenant d'une langue particulière, d'un argot. Alors ils firent leur dictionnaire. L'ame s'appeloit Margot; la religion, Javotte; la liberté, Janneton; et le père éternel, M. de l'Être. Les voilà disputant et s'entendant très-bien. Un homme en habit noir, avec une fort mauvaise mine, se mêlant à la conversation, dit à Boindin : Monsieur, oserois-je vous demander ce que c'étoit que ce M. de l'Être qui s'est si souvent mal conduit, et dont vous êtes si mécontent ? Monsieur, reprit Boindin, c'étoit un espion de police. On peut juger de l'éclat de rire, cet homme étant lui-même du métier.

Le lord Bolinbroke donna à Louis XIV mille preuves de sensibilité pendant une maladie très-dangereuse. Le roi étonné lui dit : j'en suis d'autant plus touché, que vous autres anglais vous n'aimez pas les rois. Sire, dit Bolinbroke, nous ressemblons aux maris qui, n'aimant pas leurs femmes, n'en sont que plus empressés à plaire à celles de leurs voisins.

Dans une dispute que les réprésentans de Genêve eurent avec le chevalier de Bouteville, l'un d'eux s'échauffant, le chevalier lui dit : savez-vous que je suis le représentant du roi mon maître? Savez-vous, lui dit le Génevois, que je suis le représentant de mes égaux?

L'abbé Delille devoit lire des vers à l'académie pour la réception d'un de ses amis. Sur quoi il disoit : je voudrois bien qu'on ne le sût pas d'avance, mais je crains bien de le dire à tout le monde.

Madame Beauzée couchoit avec un maître de langue allemande.

M. Beauzée les surprit au retour de l'académie. L'allemand dit à la femme : quand je vous disois qu'il étoit temps que je m'en *aille*. M. Beauzée, toujours puriste, lui dit : que je m'en *allasse*, monsieur.

M. Dubreuil, pendant la maladie dont il mourut, disoit à son ami, M. Pehméja : mon ami, pourquoi tout ce monde dans ma chambre? Il ne devroit y avoir que toi; ma maladie est contagieuse.

On demandoit à Pehméja quelle étoit sa fortune ? — 1500 livres de rente. — C'est bien peu. — Oh ! reprit Pehméja, Dubreuil est riche.

Madame la comtesse de Tessé disoit après la mort de M. Dubreuil : il il étoit trop inflexible, trop inabordable aux présens, et j'avois un accès de fièvre toutes les fois que je songeois à lui en faire. Et moi aussi, lui répondit madame de Champagne qui avoit placé 36,000 liv. sur sa tête; voilà pourquoi j'ai mieux aimé me donner tout de suite une bonne maladie que d'avoir tout ces petits accès de fièvre dont vous parlez.

L'abbé Maury, étant pauvre, avoit enseigné le latin à un vieux conseiller de grand'chambre qui vouloit entendre les institutes de Justinien. Quelques années se passent, et il rencontre ce conseiller, étonné de le voir dans une maison honnête. Ah! l'abbé, vous voilà! lui dit-il lestement: par quel hasard vous trouvez-vous dans cette maison-ci?

— Je m'y trouve comme vous vous y trouvez. — Oh! ce n'est pas la même chose : vous êtes donc mieux dans vos affaires ? avez-vous fait quelque chose dans votre métier de prêtre ? — Je suis grand vicaire de M. de Lombez. — Diable! c'est quelque chose : et combien cela vaut-il ? — Mille francs. — C'est bien peu; et il reprend le ton leste et léger. — Mais j'ai eu un prieuré de mille écus! — Mille écus! bonnes affaires (*avec l'air de la considération*). — Et j'ai fait la rencontre du maître de cette maison-ci chez M. le cardinal de Rohan. — Peste! vous allez chez le cardinal de Rohan! — Oui, il m'a fait avoir une abbaye. — Une abbaye! Ah! cela posé, monsieur l'abbé, faites-moi l'honneur de venir dîner chez moi.

Jamais Bossuet ne put apprendre au grand dauphin à écrire une lettre. Ce prince étoit très-indolent. On raconte que ses billets à la comtesse du Roure finissoient tous par ces mots : le roi me fait mander pour le conseil. Le jour que cette comtesse fut exilée, un des courtisans lui demanda s'il n'étoit pas bien affligé. Sans doute, dit le dauphin; mais cependant me voilà délivré de la nécessité d'écrire le petit billet.

Le maréchal de Broglie avoit épousé la fille d'un négociant. Il eut deux filles. On lui proposoit, en présence de madame de Broglie, de faire entrer l'une dans un chapitre. Je me suis fermé, dit-il, en épousant madame, l'entrée de tous les chapitres... Et de l'hôpital, ajouta-t-elle.

M. d'Alembert a entendu dire au roi de Prusse, qu'à la bataille de Minden, si M. de Broglie eût attaqué les ennemis et secondé M. de Contades, le prince Ferdinand étoit battu. Les Broglies ont fait demander à M. d'Alembert s'il étoit vrai qu'il eût entendu dire ce fait au roi de Prusse, et il a répondu qu'oui.

Un courtisan disoit : ne se brouille pas avec moi qui veut.

Le maréchal de Noailles disoit beaucoup de mal d'une tragédie nouvelle. On lui dit : mais M. d'Aumont, dans la loge duquel vous l'avez entendue, prétend qu'elle vous a fait pleurer. Moi, dit le maréchal, point du tout ; mais comme il pleuroit lui-même dès la première scène, j'ai cru honnête de prendre part à sa douleur.

Louis XV demanda au duc d'Ayen, (depuis maréchal de Noailles) s'il avoit envoyé sa vaisselle à la monnoie. Le duc répondit que non. Moi, dit le roi, j'ai envoyé la mienne. Ah! sire, dit M. d'Ayen, quand J. C. mourut le vendredi saint, il savoit bien qu'il ressusciteroit le dimanche.

M. de .... ayant aperçu que M. Barthe étoit jaloux (de sa femme), lui dit : vous, jaloux! Mais savez-vous que c'est une prétention? C'est bien de l'honneur que vous vous faites. Je m'explique. N'est pas cocu qui veut : savez-vous que pour l'être, il faut savoir tenir une maison, être poli, sociable, honnête. Commencez par acquérir toutes ces qualités, et puis les honnêtes gens verront ce qu'ils auront à faire pour vous. Tel que vous êtes, qui pourroit vous faire cocu? Une espèce. Quand il sera temps de vous effrayer, je vous en ferai mon compliment.

Un homme d'esprit me disoit un jour: que le gouvernement de France étoit une monarchie absolue, tempérée par des chansons.

Milord Hervey, voyageant dans l'Italie, et se trouvant non loin de la mer, traversa une lagune dans l'eau de laquelle il trempa son doigt. Ah, ah! dit-il, l'eau est salée, ceci est à nous.

Duclos disoit à un homme ennuyé d'un sermon prêché à Versailles : pourquoi avez-vous entendu ce sermon jusqu'au bout? — J'ai craint de déranger l'auditoire et de le scandaliser. — Ma foi, reprit Duclos, plutôt que d'entendre ce sermon, je me serois converti au premier point.

M. de Turenne, voyant un enfant passer derrière un cheval, de façon à pouvoir être estropié par une ruade, l'appela et lui dit : mon bel enfant, ne passez jamais derrière un cheval sans laisser entre lui et vous l'intervalle nécessaire pour que vous ne puissiez en être blessé. Je vous promets que cela ne vous fera pas faire une demi-lieue de plus dans le cours de votre vie entière; et souvenez-vous que c'est M. de Turenne qui vous l'a dit.

M. de Th... pour exprimer l'insipidité des bergeries de M. de Florian, disoit : je les aimerois assez, s'il y mettoit des loups.

M. de Fronsac alla voir une mappemonde que montroit l'artiste qui l'avoit imaginée. Cet homme ne le connoissant pas, et lui voyant une croix de Saint-Louis, ne l'appeloit que le chevalier. La vanité de M. de Fronsac, blessée de ne pas être appelé duc, lui fit inventer une histoire, dont un des interlocuteurs, un de ses gens, l'appeloit monseigneur. M. de Genlis l'arrête à ce mot, et lui dit : qu'est-ce que tu dis là, monseigneur? On va te prendre pour un évêque.

Quelqu'un ayant entendu la traduction des géorgiques de l'abbé Delille, lui dit : cela est excellent; je ne doute pas que vous n'ayez le premier bénéfice qui sera à la nomination de Virgile.

M. de Voltaire voyant la religion tomber tous les jours, disoit une fois: cela est pourtant fâcheux, car de quoi nous moquerons-nous? Oh! lui dit M. Sabatier de Cabre, consolez-vous, les occasions ne vous manqueront pas plus que les moyens. Ah! monsieur, reprit douloureusement M. de Voltaire, hors de l'église point de salut.

Le prince de Conti disoit, dans

sa dernière maladie, à Beaumarchais qu'il ne pourroit s'en tirer, vu l'état de sa personne, épuisée par les fatigues de la guerre, du vin et de la jouissance. A l'égard de la guerre, dit celui-ci, le prince Eugène a fait vingt-une campagnes, et il est mort à 73 ans; quant au vin, le marquis de Brancas buvoit par jour six bouteilles de vin de Champagne, et il est mort à 84 ans. Oui, mais le coït, reprit le prince. — Madame votre mère, répondit Beaumarchais : (la princesse étoit morte à 79 ans). Tu as raison, dit le prince, il n'est pas impossible que j'en revienne.

M. le Régent avoit promis de faire *quelque chose* du jeune Arrouet, c'est-à-dire, d'en faire un important et de le placer. Le jeune poëte attendit le prince au sortir du conseil, au moment où il étoit suivi des quatre secrétaires d'Etat. Le Régent le vit et lui dit : Arrouet, je ne t'ai pas oublié, et je te destine le département des niaiseries. Monseigneur, dit le jeune Arrouet, j'aurois trop de rivaux, en voilà quatre. Le prince pensa étouffer de rire.

Quand le maréchal de Richelieu vint faire sa cour à Louis XV après la prise de Mahon, la première chose, ou plutôt la seule que lui dit le roi, fut celle-ci : maréchal, savez-vous la mort de ce pauvre Lansmatt ? Lansmatt étoit un vieux garçon de la chambre.

Quelqu'un ayant lu une lettre trèssotte de M. Blanchard sur le ballon, dans le journal de Paris; avec cet esprit-là, dit-il, ce M. Blanchard doit bien s'ennuyer en l'air.

Louis XV se fit peindre par La Tour. Le peintre, tout en travaillant, causoit avec le roi, qui paroissoit le trouver bon. La Tour, encouragé, et naturellement indiscret, poussa la témérité jusqu'à lui dire : au fait, sire, vous n'avez point de marine. Le roi répondit sèchement : que dites-vous-là ? et Vernet, donc !

On dit à la duchesse de Chaulnes, mourante et séparée de son mari : les sacremens sont là. — Un petit moment. — M. le duc de Chaulnes voudroit bien vous revoir. — Est-il là ?

là ? — Oui. — Qu'il attende : il entrera avec les sacremens.

Je me promenois un jour avec un de mes amis qui fut salué par un homme d'assez mauvaise mine. Je lui demandai ce que c'étoit que cet homme : il me répondit que c'étoit un homme qui faisoit pour sa patrie ce que Brutus n'auroit pas fait pour la sienne. Je le priai de mettre cette grande idée à mon niveau. J'appris que son homme étoit un espion de police.

M. Lemière a mieux dit qu'il ne vouloit, en disant qu'entre sa Veuve de Malabar, jouée en 1770, et sa Veuve de Malabar, jouée en 1781, il y avoit la différence d'une falourde à une voie de bois. C'est en effet le bûcher perfectionné qui a fait le succès de la pièce.

M. de C...... parlant un jour du gouvernement d'Angleterre et de ses avantages, dans une assemblée où se trouvoient plusieurs evêques et quelques abbés; un d'eux, nommé l'abbé de Seguerand, lui dit: monsieur, sur le peu que je sais de ce pays-là, je ne suis nullement tenté d'y vivre, et je sens que je m'y trouverois très-mal. M. l'abbé, lui répondit naïvement M. de C...., c'est parce que vous y seriez mal, que le pays est excellent.

Plusieurs officiers français étant allés à Berlin, l'un d'eux parut devant le roi sans uniforme et en bas blancs. Le roi s'approcha de lui, et lui demanda son nom. — Le marquis de Beaucour. — De quel régiment ? — De Champagne. — Ah oui ! ce rément où l'on se f. . . de l'ordre ; et il parla ensuite aux officiers qui étoient en uniforme et en bottes.

M. de Chaulnes avoit fait peindre sa femme en Hébé ; il ne savoit comment se faire peindre pour faire pendant. Mademoiselle Quinaut, à qui il disoit son embarras, lui dit : faites-vous peindre en hébêté.

L'empereur, passant à Trieste incognito, selon sa coutume, entra dans une auberge ; il demanda s'il y avoit une bonne chambre : on lui dit qu'un évêque d'Allemagne venoit de prendre la dernière, et qu'il ne restoit plus que deux petits bouges. Il demanda à souper. On lui dit qu'il n'y avoit plus que des œufs et des légumes, parce que l'évêque et sa suite avoient demandé toute la volaille. L'empereur fit demander à l'évêque si un étranger pouvoit souper avec lui. L'évêque refusa. L'empereur soupa avec un aumônier de l'évêque, qui ne mangeoit point avec son maître. Il demanda à cet aumônier ce qu'il alloit faire à Rome. Monseigneur, dit celui-ci, va solliciter un bénéfice de 50,000 livres de rentes, avant que l'empereur soit informé qu'il est vacant. On change de conversation. L'empereur écrit une lettre au cardinal dataire, et une autre à son ambassadeur. Il fait promettre à l'aumônier de remettre ces deux lettres à leur adresse, en arrivant à Rome. Celui-ci tient sa promesse.

Le cardinal dataire fait expédier les provisions à l'aumônier surpris. Il va conter son histoire à son évêque qui veut partir. L'aumônier, ayant affaire à Rome, voulut rester ; alors il apprit à son évêque que cette aventure étoit l'effet d'une lettre écrite au cardinal dataire et à l'ambassadeur de l'Empire, par l'empereur, qui étoit cet étranger avec lequel monseigneur n'avoit pas voulu souper à Trieste.

Le comte de... et le marquis de... me demandant quelle différence je faisois entre eux, en fait de principes ; je répondis : la différence qu'il y a entre vous, est que l'un lécheroit l'écumoire, et que l'autre l'avaleroit.

Madame D*******, couchant avec Louis XV, le roi lui dit : tu as couché avec tous mes sujets.—Ah, sire ! — Tu as eu le duc de Choiseul. — Il est si puissant ! — Le maréchal de Richelieu. — Il a tant d'esprit ! — Monville. —— Il a une si belle jambe ! — A la bonne heure; mais le duc d'Aumont, qui n'a rien de tout cela. — Ah, sire ! il est si attaché à votre majesté !

Collé avoit placé une somme d'argent considérable, à fonds perdu, et à dix pour cent, chez un financier qui, à la seconde année, ne lui avoit pas encore donné un sou. Monsieur, lui dit Collé, dans une visite qu'il lui fit, quand je place mon argent en viager, c'est pour être payé de mon vivant.

Feue madame la duchesse d'Orléans étoit fort éprise de son mari, dans les commencemens de son mariage; et il y avoit peu de réduits dans le Palais Royal qui n'en eussent été témoins. Un jour les deux époux allèrent faire visite à la duchesse douairière, qui étoit malade. Pendant la conversation, elle s'endormit ; et le duc et la jeune duchesse trouvèrent plaisant de se divertir sur le pied du lit de la malade. Elle s'en aperçut, et dit à sa belle-fille : il vous étoit réservé, madame, de faire rougir du mariage.

Le maréchal de Duras, mécontent d'un de ses fils, lui dit : misérable, si tu continues, je te ferai souper avec le roi. C'est que le jeune homme avoit soupé deux fois à

Marly, où il s'étoit ennuyé à périr.

Duclos parloit un jour du paradis que chacun se fait à sa manière. Madame de Rochefort lui dit : pour vous, Duclos, voici de quoi composer le vôtre : du pain, du vin, du fromage, et la première venue.

On disoit à Louis XV qu'un de ses gardes, qu'on lui nommoit, alloit mourir sur le champ, pour avoir fait la mauvaise plaisanterie d'avaler un écu de six livres. Ah ! bon Dieu, dit le roi, qu'on aille chercher Andouillet, Lamartinière, Lassone. Sire, dit le duc de Noailles, ce ne sont point là les gens qu'il faut. — Et qui donc ? — Sire, c'est l'abbé Terray. — L'abbé Terray, comment? — Il arrivera, il mettra sur ce gros écu un premier dixième, un second dixième, un premier vingtième, un second vingtième: le gros écu sera réduit à 36 sous, comme les nôtres; il s'en ira par les voies ordinaires, et voilà le malade guéri. Cette plaisanterie fut la seule qui ait fait de la peine à l'abbé Terray. C'est la seule dont il eût conservé le souvenir; il le dit lui-même au marquis de Sesmaisons.

On appela à la cour le célèbre Levret, pour accoucher la feue dauphine. M. le dauphin lui dit: vous êtes bien content, M. Levret, d'accoucher madame la dauphine; cela va vous faire de la réputation. Si ma réputation n'étoit pas faite, dit tranquillement l'accoucheur, je ne serois pas ici.

Duclos disoit un jour à madame de Rochefort et à madame de Mirepoix, que les courtisanes devenoient bégueules, et ne vouloient plus entendre le moindre conte un peu trop vif. Elles étoient, disoit-il, plus timorées que les femmes honnêtes; et là-dessus, il enfile une histoire fort gaie, puis une autre encore plus forte; enfin, à une troisième, qui commençoit encore plus vivement, madame de Rochefort l'arrête, et lui dit : prenez donc garde, Duclos; vous nous croyez aussi par trop honnêtes femmes.

Le cocher du roi de Prusse l'ayant renversé, le roi entra dans une coère épouvantable. Eh bien ! dit le cocher, c'est un malheur ; et vous ! n'avez-vous jamais perdu une bataille ?

Le maréchal de Villars fut adonné au vin, même dans sa vieillesse. Allant en Italie, pour se mettre à la tête de l'armée, dans la guerre de 1734, il alla faire sa cour au roi de Sardaigne, tellement pris de vin, qu'il ne pouvoit se soutenir, et qu'il tomba par terre. Dans cet état, il n'avoit pourtant pas perdu la tête, et il dit au roi : me voilà porté tout naturellement aux pieds de votre majesté.

Le lord Rochester avoit fait, dans une pièce de vers, l'éloge de la poltronnerie. Il étoit dans un café ; arrive un homme qui avoit reçu des coups de bâton sans se plaindre. Milord Rochester, après beaucoup de complimens, lui dit : monsieur, si vous étiez homme à recevoir des coups de bâton si patiemment, que ne le disiez-vous? je vous les aurois donné, moi, pour me remettre en crédit.

Louis XIV se plaignant, chezmadame de Maintenon, du chagrin que lui causoit la division des évêques; si l'on pouvoit, disoit-il, ramener les neuf opposans, on éviteroit un schisme; mais cela ne sera pas facile. Eh bien ! sire, dit en riant madame la duchesse, que ne dites-vous aux quarante de revenir à l'avis des neuf? ils ne vous refuseront pas.

Le

Le maréchal de Belle-Isle, voyant que M. de Choiseul prenoit trop d'ascendant, fit faire contre lui un mémoire pour le roi, par le jésuite de Neuville. Il mourut sans avoir présenté ce mémoire, et le porte-feuille fut porté à M. le duc de Choiseul, qui y trouva le mémoire fait contre lui. Il fit l'impossible pour reconnoître l'écriture. Il n'y songeoit plus, lorsqu'un jésuite considérable lui fit demander la permission de lui lire l'éloge qu'on faisoit de lui, dans l'oraison funèbre du maréchal de Belle-Isle, composée par le père de Neuville. La lecture se fit sur le manuscrit de l'auteur, et M. de Choiseul reconnut alors l'écriture. La seule vengeance qu'il en tira, ce fut de faire dire au père de Neuville qu'il réussissoit mieux dans le genre de l'oraison funèbre, que dans celui des mémoires au roi.

D...., misanthrope plaisant, me disoit, à propos de la méchanceté des hommes ; il n'y a que l'inutilité du premier déluge qui empêche Dieu d'en envoyer un second.

L'abbé de la Galaisière étoit fort lié avec M. Orri, avant qu'il fût contrôleur général. Quand il fut nommé à cette place, son portier, devenu suisse, sembloit ne pas le reconnoître. Mon ami, lui dit l'abbé de la Galaisière, vous êtes insolent beaucoup trop tôt : votre maître ne l'est pas encore.

Une femme de 90 ans disoit à M. de Fontenelle, âgé de 95 : la mort nous a oubliés. Chut, lui répondit M. de Fontenelle, en mettant le doigt sur sa bouche.

M. de Vendôme disoit de madame de Nemours, qui avoit un long nez courbé, sur des lèvres vermeilles : elle a l'air d'un perroquet qui mange une cerise.

M. le prince de Charolais ayant surpris M. de Brissac chez sa maîtresse, lui dit : sortez. M. de Brissac lui répondit : monseigneur, vos ancêtres auroient dit : sortons.

M. de Voltaire étant chez madame du Châtelet, et même dans sa chambre, s'amusoit avec l'abbé Mignot, encore enfant, et qu'il tenoit sur ses genoux. Il se mit à jaser avec lui, et à lui donner des instructions. Mon ami, lui dit-il, pour réussir avec les hommes, il faut avoir les femmes pour soi; pour avoir les femmes pour soi, il faut les connoître. Vous saurez donc que toutes les femmes sont fausses et catins...... Comment, toutes les femmes? que dites-vous là, monsieur, dit madame du Châtelet en colère? Madame, dit M. de Voltaire, il ne faut pas tromper l'enfance.

M. de Turenne, dînant chez M. de Lamoignon, celui-ci lui demanda si son intrépidité n'étoit pas ébranlée au commencement d'une bataille. Oui, dit M. de Turenne, j'éprouve une grande agitation; mais il y a dans l'armée plusieurs officiers subalternes et un grand nombre de soldats qui n'en éprouvent aucune.

Je proposois à M. de L. un mariage qui sembloit avantageux. Il me répondit : pourquoi me marierois-je ? le mieux qui puisse m'arriver, en me mariant, est de n'être pas cocu, ce que j'obtiendrai encore plus surement, en ne me mariant pas.

Fontenelle avoit fait un opéra où il y avoit un chœur de prêtres, qui scandalisoit les dévots. L'archevêque de Paris voulut le faire supprimer. Je ne me mêle pas de son clergé, dit Fontenelle, qu'il ne se mêle pas du mien.

La maréchale de Luxembourg,

arrivant à l'église un peu trop tard, demanda où en étoit la messe, et dans cet instant la sonnette du lever Dieu sonna. Le comte de Chabot lui dit en bégayant : madame la maréchale,

> J'entends la petite clochette,
> Le petit mouton n'est pas loin.

Ce sont deux vers d'un opéra comique.

On demandoit à M. de Fontenelle mourant, comment cela va-t-il ? cela ne va pas, dit-il ; cela s'en va.

Le roi de Pologne Stanislas avoit des bontés pour l'abbé Porquet, et n'avoit encore rien fait pour lui. L'abbé lui en faisoit l'observation : mais, mon cher abbé, dit le roi, il y a beaucoup de votre faute, vous tenez des discours très libres; on prétend que vous ne croyez pas en Dieu; il faut vous modérer; tâchez d'y croire. Je vous donne un an pour cela.

Louis XV ayant refusé vingt-cinq mille francs de sa cassette à Lebel, son valet de chambre, pour la dépense de ses petits appartemens, et lui disant de s'adresser au trésor royal, Lebel lui répondit : pourquoi m'exposerois-je aux refus et aux tracasseries de ces gens-là, tandis que vous avez là plusieurs millions? Le roi lui répondit : je n'aime point à me dessaisir : il faut toujours avoir de quoi vivre.

Un homme très-pauvre qui avoit

fait un livre contre le gouvernement, disoit : morbleu, la bastille n'arrive point; et voilà qu'il faut tout à l'heure payer mon terme.

Quand l'archevêque de Lyon, Montazet, alla prendre possession de son siége, une vieille chanoinesse de...., sœur du cardinal de Tencin, lui fit compliment de ses succès auprès des femmes, et entre autres, de l'enfant qu'il avoit eu de madame de Mazarin. Le prélat nia tout, et ajouta : madame, vous savez que la calomnie ne vous a pas ménagée vous-même. Mon histoire avec madame de Mazarin n'est pas plus vraie que celle qu'on vous a prêté avec M. le cardinal. En ce cas, dit la chanoinesse tranquillement : l'enfant est de vous.

Le maréchal de Broglie, affrontant un danger inutile, et ne voulant pas se retirer; tous ses amis faisoient de vains efforts pour lui en faire sentir la nécessité. Enfin, l'un d'entre eux, M. de Jaucour, s'approcha, et lui dit à l'oreille: M. le maréchal, songez que si vous êtes tué, c'est M. de Routhe qui commandera. C'étoit le plus sot des lieutenans généraux. M. de Broglie, frappé du danger que couroit l'armée, se retira.

Un homme buvoit à table d'excellent vin, sans le louer. Le maître de la maison lui en fit servir de très-médiocre. Voilà de bon vin, dit le buveur silencieux. C'est du vin à dix sous, dit le maître, et l'autre est un vin des dieux. Je le sais, reprit le convive ; aussi ne l'ai-je pas loué. C'est celui-ci qui a besoin de recommandation.

Duclos disoit : pour ne pas profaner le nom de Romain, en parlant des Romains modernes, *un Italien de Rome*.

Je vous prie de croire, disoit M.., à un homme très-riche, que je n'ai pas besoin de ce qui me manque.

M... à qui on offroit une place dont quelques fonctions blessoient sa délicatesse, répondit : cette place ne convient ni à l'amour propre que je me permets, ni à celui que je me commande.

M..... qui avoit une collection

des discours de réception à l'académie française, me disoit : lorsque j'y jette les yeux, il me semble voir des carcasses de feu d'artifice, après la St.-Jean.

Une jeune personne, dont la mère étoit jalouse et à qui les 13 ans de sa fille déplaisoient infiniment, me disoit un jour : j'ai toujours envie de lui demander pardon d'être née.

On disoit à M...., académicien : vous vous marierez quelque jour. Il répondit : j'ai tant plaisanté l'académie, et j'en suis ; j'ai toujours peur qu'il ne m'arrive la même chose pour le mariage.

M.... disoit de mademoiselle.... (qui n'étoit point vénale, n'écoutoit que son cœur, et restoit fidelle à l'objet de son choix) : c'est une personne charmante, et qui vit le plus honnêtement qu'il est possible; hors du mariage et du célibat.

M. de L....., connu pour misanthrope, me disoit un jour, à propos de son goût pour la solitude : il faut diablement aimer quelqu'un pour le voir.

Qu'un homme d'esprit (disoit en riant M. de ....), ait des doutes sur sa maîtresse, cela se conçoit; mais sur sa femme! il faut être bien bête.

Dans le monde, disoit M...., vous avez trois sortes d'amis : vos amis qui vous aiment; vos amis qui ne ne se soucient pas de vous, et vos amis qui vous haïssent.

M. de... disoit qu'il ne falloit rien lire dans les séances publiques de l'académie française, par de-là ce qui est imposé par les statuts, et il motivoit son avis en disant : *en fait d'inutilités, il ne faut que le nécessaire.*

On proposoit un mariage à M..., il répondit : il y a deux choses que j'ai toujours aimées à la folie, ce sont les femmes et le célibat. J'ai perdu ma première passion, il faut que je conserve la seconde.

M. Thomas me disoit un jour : je n'ai pas besoin de mes contemporains ; mais j'ai besoin de la postérité : (il aimoit beaucoup la gloire). Beau résultat de la philosophie, lui dis-je, de pouvoir se passer des vivans, pour avoir besoin de ceux qui ne sont pas nés.

On proposoit à un célibataire de se marier, il répondit par de la plaisanterie ; et comme il y avoit mis beaucoup d'esprit, on lui dit : votre femme ne s'ennuyeroit pas ; sur quoi il répondit : si elle étoit jolie, surement elle s'amuseroit tout comme une autre.

M...., qui venoit de publier un ouvrage qui avoit beaucoup réussi, étoit sollicité d'en publier un second, dont ses amis faisoient grand cas. Non, dit-il, il faut laisser à l'envie le temps d'essuyer son écume.

M...., jeune homme, me demandoit pourquoi madame de B..... avoit refusé son hommage, qu'il lui offroit, pour courir après celui de M. de L..., qui sembloit se refuser à ses avances; je lui dis: mon cher ami, Gênes, riche et puissante, a offert sa souveraineté à plusieurs rois, qui l'ont refusée, et on a fait la guerre pour la Corse, qui ne produit que des châtaignes, mais qui étoit fière et indépendante.

On reprochoit à M. L......., homme de lettres, de ne plus rien donner au public. Que voulez-vous qu'on imprime, dit-il, dans un pays où l'almanach de Liége est défendu de temps en temps?

M... disoit de M. de la R****,

chez qui tout le monde va pour sa table, et qu'on trouve très-ennuyeux : *on le mange, mais on ne le digère pas.*

Je demandois à M..... s'il se marieroit ; il me répondit : pourquoi faire ? pour payer au roi de France la capitation et les trois vingtièmes après ma mort.

M. de.... demandoit à l'évêque de... une maison de campagne où il n'alloit jamais ; celui-ci lui répondit : ne savez-vous pas qu'il faut toujours avoir un endroit où l'on n'aille point et où l'on croie que l'on seroit heureux si on y alloit ? M. de..., après un instant de silence, répondit : cela est vrai, et c'est ce qui a fait la fortune du paradis.

Milton, après le rétablissement de Charles II, étoit dans le cas de reprendre une place très-lucrative qu'il avoit perdue; sa femme l'y exhortoit; il lui répondit: vous êtes femme et vous voulez avoir un carrosse; moi je veux vivre et mourir en honnête homme.

M. de Calonne voulant introduire des femmes dans son cabinet, trouva que la clé n'entroit point dans la serrure. Il lâcha un f.... d'impatience, et sentant sa faute: pardon, mesdames, dit-il, j'ai fait bien des affaires dans ma vie, et j'ai vu qu'il n'y a qu'un mot qui serve. En effet, la clé entra tout de suite.

Je pressois M. de L... d'oublier les torts de M. de B... (qui l'avoit autrefois obligé) il me répondit : Dieu a recommandé le pardon des injures, il n'a point recommandé celui des bienfaits.

M. de.... promettoit je ne sais quoi à M. L..... et juroit foi de gentilhomme; celui-ci lui dit : si cela vous est égal, ne pourriez-vous pas dire foi d'honnête homme?

J'espère qu'un jour, disoit M....., au sortir de l'assemblée nationale, présidée par un juif, j'assisterai au mariage d'un catholique séparé par divorce de sa première femme luthérienne, et épousant une jeune anabaptiste; qu'ensuite, nous irons dîner chez le curé, qui nous présentera sa femme, jeune personne de la religion anglicane, qu'il aura lui-même épousé en secondes nôces, étant veuf d'une calviniste.

On disoit d'un courtisan léger, mais non corrompu : il a pris de la poussière dans le tourbillon, mais il n'a pas pris de tache dans la boue.

Une femme parloit emphatiquement de sa vertu, et ne vouloit plus, disoit-elle, entendre parler d'amour. Un homme d'esprit dit là-dessus : à quoi bon toute cette forfanterie ? ne peut-on pas trouver un amant sans dire tout cela ?

Dans le temps de l'assemblée des notables, un homme vouloit faire parler le perroquet de madame de... Ne vous fatiguez pas, lui dit-elle, il n'ouvre jamais le bec. — Comment avez-vous un perroquet qui ne dit mot? ayez-en un qui dise au moins *vive le roi.* Dieu m'en préserve, dit-elle : un perroquet disant vive le roi! je ne l'aurois plus. On en auroit fait un notable.

M. de Vergennes n'aimoit point les gens de lettres, et on remarqua qu'aucun écrivain distingué n'avoit fait des vers sur la paix de 1783; sur quoi quelqu'un disoit : il y en a deux raisons; il ne donne rien aux poëtes, et ne prête pas à la poësie.

Je demandois à M.... quelle étoit sa raison de refuser un mariage avantageux. *Je ne veux point me marier*, dit-il, *dans la crainte d'avoir un fils qui me ressemble.* Comme j'étois surpris, vu que c'est un très-honnête homme; oui, dit-il, oui, dans la crainte d'avoir un fils qui, étant pauvre comme moi, ne sache ni mentir, ni flatter, ni ramper, et ait à subir les mêmes épreuves que moi.

Un malheureux portier, à qui les enfans de son maître refusèrent de payer un legs de 1000 liv., qu'il pouvoit réclamer par justice, me dit: voulez-vous, monsieur, que j'aille plaider contre les enfans d'un homme que j'ai servi vingt-cinq ans, et que je sers eux-mêmes depuis quinze? Il se faisoit de leur injustice même, une raison d'être généreux à leur égard.

M. de L.... me disoit, relativement

au plaisir des femmes, que lorsqu'on cesse de pouvoir être prodigue, il faut devenir avare, et qu'en ce genre; celui qui cesse d'être riche commence à être pauvre. Pour moi, dit-il, aussitôt que j'ai été obligé de distinguer entre la lettre de change payable à vue, et la lettre payable à échéance, j'ai quitté la banque.

Un homme de lettres à qui un grand seigneur faisoit sentir la supériorité de son rang, lui dit : monsieur le duc, je n'ignore pas ce que je dois savoir, mais je sais aussi qu'il est plus aisé d'être au-dessus de moi qu'à côté.

Le maréchal de Noailles avoit un procès au parlement, avec un de ses fermiers. Huit à neuf conseillers se récusèrent, disant : tous en qualité de parens de M. de Noailles; et ils l'étoient en effet au huitième degré. Un conseiller, nommé M. Hurson, trouvant cette vanité ridicule, se leva, disant : je me récuse aussi. Le premier président lui demanda en quelle qualité. Il répondit : comme parent du fermier.

M...., à qui on reprochoit son indifférence pour les femmes, disoit : je puis dire sur elles, ce que madame de C.... disoit sur les enfans. J'ai dans la tête un fils dont je n'ai jamais pu accoucher. J'ai dans l'esprit une femme *comme il y en a peu*, qui me préserve des femmes comme il y en a beaucoup. J'ai bien des obligations à cette femme-là.

Les amis de M..... vouloient plier son caractère à leurs fantaisies, et le trouvant toujours le même, disoient qu'il étoit incorrigible; il leur répondit : si je n'étois pas incorrigible, il y a bien long-temps que je serois corrompu.

On reprochoit à M. de..., d'être le médecin Tant Pis. Cela vient, répondit-il, de ce que j'ai vu enterrer tous les malades du médecin Tant Mieux. Au moins si les miens meurent, on n'a point à me reprocher d'être un sot.

Un homme qui avoit refusé d'avoir madame de S..., disoit : à quoi sert l'esprit, s'il ne sert pas à n'avoir point madame de...?

Quelqu'un

Quelqu'un disoit d'un homme très-personnel : il brûleroit votre maison pour se faire cuire deux œufs.

Le duc de...., qui avoit autrefois de l'esprit, qui recherchoit la conversation des honnêtes gens, s'est mis, à cinquante ans, à mener la vie d'un courtisan ordinaire. Ce métier et la vie de Versailles lui conviennent dans la décadence de son esprit, comme le jeu convient aux vieilles femmes.

Un homme dont la santé s'étoit rétablie en assez peu de temps et à qui on en demandoit la raison, répondit : c'est que je compte avec moi, au lieu qu'auparavant je comptois sur moi.

Je crois, disoit M. . ., sur le duc de . . . . ., que son nom est son plus grand mérite, et qu'il a toutes les vertus qui se font dans une parcheminerie.

On accusoit un jeune nomme de la Cour d'aimer les filles avec fureur. Il y avoit là plusieurs femmes honnêtes et considérables avec qui cela pouvoit le brouiller. Un de ses amis qui étoit présent, répondit : exagération, méchanceté, il a aussi des femmes.

M. de L. . . . , disoit qu'on auroit dû appliquer au mariage, la police relative aux maisons qu'on loue par un bail, pour trois, six et neuf ans, avec pouvoir d'acheter la maison, si elle vous convient.

M..... avoit, pour exprimer le mépris, une formule favorite : c'est l'avant-dernier des hommes. — Pourquoi l'avant-dernier, lui demandoit-on ? — Pour ne décourager personne, car il y a presse.

M. de C...., avoit reçu un bienfait de M. d'A...., celui-ci avoit recommandé le secret. Il fut gardé. Plusieurs années après ils se brouillèrent, alors M. de C.... révéla le secret du bienfait qu'il avoit reçu. M. T..., leur ami commun, instruit, demanda à M. de C.... la raison de cette apparente bizarrerie. Celui-ci répondit : j'ai tû son bienfait tant que je l'ai aimé. Je parle, parce que je ne l'aime plus. C'étoit alors son secret, à présent, c'est le mien.

On engageoit M. de... à quitter une place dont le titre seul faisoit sa sureté contre des hommes puissans : il répondit, on peut couper à Samson sa chevelure, mais il ne faut pas lui conseiller de prendre perruque.

On faisoit la guerre à M....., sur son goût pour la solitude ; il répondit : c'est que je suis plus accoutumé à mes défauts qu'à ceux d'autrui.

On se souvient encore de la ridicule et excessive vanité de l'archevêque de Rheims, *Le Tellier-Louvois*, sur son rang et sur sa naissance. On sait combien, de son temps, elle étoit célèbre dans toute la France. Voici une des occasions où elle se montra toute entière le plus plaisamment. Le duc d'A..., absent de la Cour depuis plusieurs années, revenu de son gouvernement de Berri, alloit à Versailles. Sa voiture versa et se rompit. Il faisoit un froid très-aigu. On lui dit qu'il falloit deux heures pour la remettre en état. Il vit un relai et demanda pour qui c'étoit : on lui dit que c'étoit pour l'archevêque de Rheims, qui alloit à Versailles aussi. Il envoya ses gens devant lui, n'en réservant qu'un, auquel il recommanda de ne point paroître sans son ordre. L'archevêque arrive. Pendant qu'on atteloit, le duc charge un des gens de l'archevêque de lui demander une place pour un honnête homme, dont la voiture vient de se briser, et qui est condamné à attendre deux heures qu'elle soit rétablie. Le domestique va et fait la commission. Quel homme est-ce? dit l'archevêque. Est-ce quelqu'un comme il faut?—Je le crois, monseigneur, il a un air bien honnête. — Qu'appelle-tu honnête? est-il bien mis? — Monseigneur, simplement, mais bien. — A-t-il des gens? — Monseigneur, je l'imagine. — Va l'en le savoir. Le domestique va et revient : — monseigneur, il les a envoyé devant à Versailles. — Ah! c'est quelque chose! Mais ce n'est pas tout; demande-lui s'il est gentilhomme. Le laquais va et revient. — Oui, monseigneur, il est gentilhomme. — A la bonne heure: qu'il vienne, nous verrons ce que c'est. Le Duc arrive, salue. l'Archevêque fait un signe de tête, se range à peine pour faire une petite place dans sa voiture. Il voit une croix de Saint Louis. Monsieur, dit-il au duc, je suis fâché de vous avoir fait attendre, mais je ne pouvois donner une place dans ma voiture à un homme de rien : vous en conviendrez. Je sais que vous êtes gentilhomme. Vous avez servi, à ce que je vois? — Oui, monseigneur. — Et vous allez à Versailles? — Oui, monseigneur. — Dans les bureaux apparemment. — Non, je n'ai rien à faire dans les bureaux. Je vais remercier — qui, M. de Louvois? — Non, monseigneur, le roi. — Le roi! (ici l'archevêque se recule et fait un peu de place). — Le roi vient donc de vous faire quelque grâce toute récente? — Non, monseigneur, c'est une longue histoire. — Contez toujours. — C'est qu'il y a deux ans j'ai marié ma fille à un homme peu riche (l'archevêque reprend un peu de l'espace qu'il a cédé dans la voiture), mais d'un très-grand nom. (L'archevêque recède la place). Le duc continue. Sa majesté avoit bien voulu s'intéresser à ce mariage... (l'archevêque fait beaucoup de place) et avoit même promis à mon gendre le premier gouvernement qui vaqueroit. — Comment donc ? un petit gouvernement sans doute ! De quelle ville ? — Ce n'est pas d'une ville, monseigneur, c'est d'une province. — D'une province, monsieur ! crie l'archevêque, en reculant dans l'angle de sa voiture ; d'une province ! — Oui, et il va y en avoir un de vacant. — Lequel donc ? — Le mien, celui de Berri, que je veux faire passer à mon gendre.— Quoi! monsieur... vous êtes gouverneur de... Vous êtes donc le duc d'A.... Et il veut descendre de sa voiture.... Mais monsieur le duc, que ne parliez-vous ? Mais cela est incroyable. Mais à quoi m'exposez-vous? Pardon de vous avoir fait attendre... Ce maraud de laquais, qui ne me dit pas.... Je suis bien heureux encore d'avoir cru sur votre parole que vous étiez gentilhomme : tant de gens le disent sans l'être! et puis ce d'Hozier est un fripon. Ah ! M. le duc, je suis confus. — Remettez-vous, monseigneur. Pardonnez à votre laquais, qui s'est contenté de vous dire que j'étois un honnête homme. Pardonnez à d'Hozier, qui vous exposoit à recevoir dans votre voiture un vieux militaire non titré; et pardonnez-moi aussi de n'avoir pas commencé par faire mes preuves pour monter dans votre carrosse.

Le philosophe qui fait tout pour la vanité, a-t-il le droit de mépriser le courtisan qui fait tout pour l'intérêt? Il me semble que l'un emporte les louis d'or et que l'autre se retire content, après en avoir entendu le bruit. D'Alembert, courtisan de Voltaire, par un intérêt de vanité, est-il bien au-dessus de tel ou tel courtisan de Louis XIV, qui vouloit une pension ou un gouvernement?

Speron-Speroni explique très-bien comment un auteur qui s'énonce très-clairement pour lui-même, est quelquefois obscur pour son lecteur : c'est, dit il, que l'auteur va de la pensée à l'expression, et que le lecteur va de l'expression à la pensée.

Célébrité : l'avantage d'être connu de ceux qui ne vous connoissent pas.

Si l'on avoit dit à Adam, le lendemain de la mort d'Abel, que dans quelques siècles il y auroit des endroits où, dans l'enceinte de quatre lieues carrées, se trouveroient réunis et amoncelés sept ou huit cent mille hommes, auroit-il cru que ces multitudes pussent jamais vivre ensemble ? Ne se seroit-il pas fait une idée encore plus affreuse de ce qui s'y commet de crimes et de monstruosités ? C'est la réflexion qu'il faut faire pour se consoler des abus attachés à ces étonnantes réunions d'hommes.

Quand on veut éviter d'être charlatan, il faut fuir les tréteaux; car si l'on y monte, on est bien forcé d'être charlatan, sans quoi l'assemblée vous jette des pierres.

La nature a voulu que les illusions fussent pour les sages comme pour les fous, afin que les premiers ne fussent pas trop malheureux par leur propre sagesse.

FIN.

www.ingramcontent.com/pod-product-compliance
Ingram Content Group UK Ltd.
Pitfield, Milton Keynes, MK11 3LW, UK
UKHW021054230726
13926UKWH00004B/1843

9 782019 149970